中国近代新闻学名著系列丛书

芮必峰 ◎ 主编

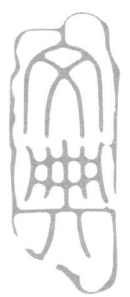

实际应用新闻学

—— 邵振青 ◎ 著 ——

中国传媒大学出版社
· 北 京 ·

编 委 会

主　编　芮必峰

副主编　姜　红　刘　勇

编　委　贾　南　周　彤　张冰清　侯普曼

出版说明

本丛书整理再版了近代在中国用中文出版的经典新闻学著作，所涉及的图书既有专著、教材，也有译著，全面涵盖了新闻学理论、新闻业务、新闻史等领域，成书年份前后跨越40年。在这40年间，中国的新闻学科从无到有、从借鉴到创新，成就巨大。对这些著作的再次出版，为研究中国近代新闻学提供了珍贵的史料，绘制了中国近代新闻学的全景，度量了中国近代新闻学的厚度，填补了该领域空白，也为纪念中国新闻学诞生100周年献上了一份厚礼。

我们请中国人民大学新闻学院教授、博士生导师，广西大学新闻传播学院院长，教育部社会科学委员会委员兼新闻传播学科召集人郑保卫，及中国传媒大学传播研究院院长、教授、博士生导师，中央实施马克思主义理论研究和建设工程新闻学首席专家雷跃捷对本丛书的内容进行了审定，并根据专家的意见进行了修改。在此对两位专家所付出的辛勤劳动表示衷心感谢。

由于历史原因，本丛书中的个别图书存在一些问题，为保存历史原貌，为研究者提供一手的参考资料，影印时均基本保持其原貌，未作大的删改，希望读者结合当时的历史条件和历史环境，对其中的观点进行批判性借鉴。原书中存在一些错别字、漏字和排版错误，我们在影印时均未做改动，敬请读者注意。

由于原书出版年代久远，本丛书中的许多书籍难觅其踪，存世数量稀少，版权状况极其复杂。为了保证本丛书的学术性和完整性，我们将具有价值的图书先行选入其中，进行了抢救性发掘，力图保存中国新闻史珍贵的历史资料。版权所有人若有异议，请及时与我们联系。

为更好地体现中国近代新闻学的发展脉络，本丛书特别收录了欧美学者休曼的《实用新闻学》、斯蒂德的《新闻学的理论与实际》；日本学者松本君平的《新闻学》、后藤武男的《新闻纸研究》、杉村广太郎的《新闻概论》。当年这些书的出版对中国近代新闻学具有一定的借鉴意义。

本丛书为影印制作，成书清晰度由原书决定，由于出版年代久远，受当时生产力水平及制作方法限制，难免会存在一些缺陷，敬请读者谅解。

中国传媒大学出版社

总　序

如果从1903年商务印书馆编译出版日本人松本君平的《新闻学》算起，中国的新闻学已有115年历史[①]。如果从1918年北大新闻研究会建立，徐宝璜开办新闻学讲座算起，中国新闻学教育和研究迄今正好100年历史。我们搜集整理了清末至民国期间一些有代表性的新闻学书籍，希望借此重现早期中国近代新闻学的本来面貌，反映我国新闻学发展的历史脉络，我们认为，这对中国新闻学术、教育史研究以及中国近现代思想史研究都是很有意义的。

从1903年到1949年9月的40多年间，我国公开出版和内部印行的新闻学书籍，包括专著、教材、论文集、资料汇编、参考工具书等，约468种之多。[②]它们集中反映了我国新闻学的历史发展轨迹。然而，由于多种原因，这些书籍除了几本曾被重印出版外，大多已经是“只闻其名、难觅其踪”，这对我国新闻学研究不能不说是一个遗憾。

本丛书在梳理1903—1949年间出版的有代表性的新闻学书籍的基础上，精选了50部著作，校订注释，编纂再版，也算对这一遗憾的弥补。

从我们挑选的这50部新闻学书籍来看，中国早期新闻学的发展有三个鲜明的特点：

一、中国早期新闻学的发展与中国社会发展，尤其与国家民族利益息息相关

40多年间，中国新闻学从近乎空白到勃然而兴，这与中国社会的动荡、变

① 黄天鹏回顾新闻运动时说：“有清光绪二十八年，商务印书馆刊行《新闻学》一书，为我国人知有新闻学之始，原书为日人松本君平所著……”资料来源：黄天鹏．新闻运动之回顾［A］．黄天鹏．新闻学名论集［C］．上海：上海联合书店，1929．

② 林德海，等．中国新闻学书目大全1903—1987［M］．北京：新华出版社，1989．

革休戚相关。西方新闻学是现代化的产物，最早形成于19世纪末20世纪初。1901年，“新闻学”一词首见于中文报章[①]，但直到民国前夕，国人对于“新闻有学乎”尚存疑，认为报社就是新闻人才的“养成所”。至1912年上海报业俱进会以“吾国报业之不发达……其最大原因，则为无专门之人才”[②]为由，号召组织报业学堂，培养报业专门人才。不难看出，此时新闻界亦将新闻学视为办报之“技”。至1918年邵飘萍为徐宝璜《新闻学》作序仍“窃叹我国新闻界人才之寥落，良由无人以新闻为一学科而研究之者”[③]。黄天鹏把1903年至1918年新闻学研究会建立之前的十余年视为中国新闻学的启蒙期。[④]

1918年，随着以启蒙为目标的新文化运动愈演愈烈，新思潮涌入国门，“新学”“西学”站在旧传统的对立面被学界关注，新闻学思想也不例外。作为公学之首和新文化运动中心的北京大学率先开办新闻学研究会，力证了“新闻学”存在的正当性；徐宝璜《新闻学》一书问世，成为中国新闻学理论的奠基之作。新闻学教育兴起，新闻学研究著作渐盛，待到北伐前夕，中国新闻学从学理上和实践上俱已建立起来。

新文化运动后期，马克思主义传入中国，资本主义文明逐渐“祛魅”。之后的大萧条使得西方国家的痼疾暴露无遗，曾经“理想之彼方”的西方报业也难以幸免。在这一时代背景下，如何建立“吾国之报业”成为新闻学研究的热点，围绕这一热点，一方面，关于中外新闻理论、新闻事业、新闻业务的著作日益涌现；另一方面，军阀对于激进言论的暴力摧残，又引发了新闻人对于言论自由的论争。20世纪20年代的中国新闻学呈现百家争鸣之势。

“在这言论自由纷争之际，也有若干论调，认为新闻纸不过是一种政治宣传的工具，在新闻学方面也唱过所谓社会主义的新闻理论，不过这种论调没有完成，当头的国难已把这种理论粉碎。”[⑤]“九一八”事变后，面对空前的民族危机，“国家至上、民族至上”成为国论，报业成为勾连与动员社会的渠道和网络，

---

① 梁启超．本馆第一百册祝辞并论报馆之责任及本馆之经历［J］．清议报，1901（100）：1-8．

② 戈公振．中国报学史［M］．上海：上海书店，1989：278．

③ 徐宝璜．新闻学［M］．长春：时代文艺出版社，2009：7．

④ 黄天鹏．四十年来中国新闻学之演进［M］//龙伟，任羽中，王晓安，何林，吴浩．民国新闻教育史料选辑．北京：北京大学出版社，2010：149．（以下征引本书时，一律简注为《民国新闻教育史料选辑》。）黄天鹏在此文中提出他对于1903年到战事结束的40余年间中国新闻学发展阶段的划分，原载《中国新闻学会年刊》第1期，1942年9月。

⑤ 黄天鹏．四十年来中国新闻学之演进［M］//民国新闻教育史料选辑．北京：北京大学出版社，2010：161．

致力于推动“舆论统一”。直到全面抗战中期之前，以战争宣传动员为主要研究目标的“战时新闻学”都是新闻学研究的热点。

1943—1949年中华人民共和国成立前夕，随着战争形势的转变，抗日战争已现胜利的曙光，中国新闻学人开始构想新闻业的未来。萨空了[①]于1943年开始着手书写《科学的新闻学概论》，旨在提醒新闻人应“鉴于美英的前车”[②]，避免报纸“为大财阀资本家所独占”[③]，“积极地设法使报纸成为大多数民众自己的相互报道消息、提供意见的工具”[④]。

二、中国新闻学是“西学东渐”的产物，中国早期新闻学人大多具备西学背景

“西学东渐”的内在精神是中体西用。在“用”的招牌下，西学大量涌入。中国新闻学直接引自日本和美国。首先，中国最早的新闻学译著分别为1903年商务印书馆编辑出版的松本君平的《新闻学》和1913年美国记者休曼著、史青编译的《实用新闻学》。前者成为中国新闻学的开端，而后者作为美国第一本新闻教育著作，“提供采访编辑各种实际问题的解决方案”[⑤]，也奠定了中国新闻人对于新闻教育之作用的基本构想。

早期中国新闻学人大多具备留美留日的求学背景。徐宝璜曾于美国密歇根大学修习经济学与新闻学，其《新闻学》（1919）的参考文献包括在美国出版的图书23种、在英国出版的图书7种，印证了时任北大校长蔡元培所言，“新闻学之取资，以美为最便矣”[⑥]。任白涛求学日本早稻田大学政治经济学系时，加入了《朝日新闻》名记者杉村楚人冠等筹建的“大日本新闻学会”[⑦]，《应用新闻学》

① 萨空了（1907—1988）四川成都人，蒙古族，笔名了了、艾秋飚，记者、主编、新闻学家。1927年任《北京晚报》《世界日报》编辑记者、《世界画报》总编辑。曾任教民国学院新闻系、北京新闻专科学校。1935年任上海《立报》副刊主编、总编辑兼经理。中华人民共和国成立后任中央人民政府新闻总署副署长兼新闻摄影局局长、出版总署副署长、全国政协副秘书长兼《人民政协报》总编辑等职。负责主编《中国大百科全书·新闻出版》卷，著有《科学的新闻学概论》《科学的艺术概论》《宣传心理研究》等。

② 萨空了. 科学的新闻学概论［M］. 香港：文化供应社，1946：36.

③ 萨空了. 科学的新闻学概论［M］. 香港：文化供应社，1946：36.

④ 萨空了. 科学的新闻学概论［M］. 香港：文化供应社，1946：36.

⑤ 黄天鹏. 四十年来中国新闻学之演进［M］//龙伟，任羽中，王晓安，何林，吴浩. 民国新闻教育史料选辑，北京：北京大学出版社，2010：157.

⑥ 邓绍根. 中国新闻学的筚路蓝缕：北京大学新闻学研究会［M］. 北京：清华大学出版社，2015：228.

⑦ 1915年《朝日新闻》的杉村楚人冠等在庆应义塾大学创办“新闻研究会”并讲授课程，后根据该讲义出版了《最近新闻纸学》（1918）。其时，杉村楚人冠还兼任“大日本新闻学会”的筹建者与学会新闻讲座讲师。

（1922）正是仿照杉村楚人冠《最近新闻纸学》一书体例所做。[①]邵飘萍的《实际应用新闻学》（1923）亦参考了《最近新闻纸学》。[②]杉村楚人冠深受美、德新闻思想熏陶，美、日、德的新闻思想因故才传到中国。

事实上，正是留美、留日学生群体的新闻学著述构建起了中国早期新闻学的基本框架。仅本丛书所涉国内著（编）者30人中，剔除资料不详者3人，有留学经历者共计15人。其中留美5人：徐宝璜、伍超、赵敏恒[③]、戈公振[④]、曹用先[⑤]；留日8人：吴定九[⑥]、邵飘萍、黄天鹏、任白涛、张友渔[⑦]、谢六逸、袁殊[⑧]、王文萱[⑨]；

---

① 周光明. 近代新闻史论稿［M］. 北京：社会科学文献出版社，2014：276.

② 方晓红. 中国新闻简史［M］. 南京：南京师范大学出版社，1996：122.

③ 赵敏恒（1904—1961），记者、新闻学教授。早年就读于清华大学，1923年起先后于美国科罗拉多大学文学院、密苏里大学新闻学院、哥伦比亚大学新闻学院攻读英国文学和新闻学，并获新闻学硕士学位。1925年起在纽约环球通讯社当编辑。1927年回国，在国民政府外交部情报处短暂工作后加入路透社。1945年10月任《新闻报》总编，兼任复旦大学新闻学教授。

④ 留学两个及两个以上国家的，按其留学的第一个国家计。

⑤ 曹用先，女，宁波人，天津南开大学社会科毕业。1926年与未婚夫查良鉴自南开大学毕业后，同赴密歇根大学留学，1930年在该校安娜堡完婚。硕士毕业后回国，曾就职于上海商务印书馆编辑所并任教于大夏大学，1949年与查赴台，1951年4月病逝于台湾。

⑥ 吴定九（1890—1930），名鼎，字定九，嘉定人。著名报人，《京报》元勋之一，著有《新闻事业经营法》。公派赴日本名古屋学习土木工程时，与在东京政法学校读书的邵飘萍成为密友。1923年9月，私立北京平民大学设立报学系，时任京报社经理的吴定九担任教授并讲授专业课程“新闻经营法”。

⑦ 张友渔（1898—1992），原名张象鼎，字友彝，又名张忧虞，山西灵石人。法学家、政治学家、新闻学家。先后求学于山西第一师范学校，国立北平法政大学法律系。1927年任《国民晚报》社长兼总编辑。同年加入中国共产党，任中共北平市委委员兼秘书长。1930年赴日留学。“九一八”事变后回国任《世界日报》主笔及燕京大学、中国大学、民国大学、中法大学、北平大学法商学院教授，讲授宪法学、劳动法学、新闻学和日本问题。1943年起在重庆任中共南方局文委秘书长、《新华日报》社论委员会委员、中共重庆工作委员会候补委员兼政策研究室副主任、《新华日报》代总编辑等职。

⑧ 袁殊（1911—1987），中共谍报人员、记者、新闻学者。早年赴日攻读新闻学、东洋史。曾创办上海自修大学并设新闻专科。1931年3月创办的《文艺新闻》，最早揭露了左联五烈士被害的消息。1932年任新声通讯社记者，经潘汉年引介加入共产党。1942年卧底敌伪报纸《新中国报》，1945年10月转移到苏北解放区；1949年调入中央情报部门。著《记者道》《学校新闻讲话》《新闻大王赫斯特》等书；译《新闻法制论》等。

⑨ 王文萱，曾留学日本，1930年5月翻译杉村广太郎的《新闻概论》。1942年国立社会教育学院新闻系成立，王文萱在该系教授新闻业务课程。1947年年初，李宗仁授意萧一山在北平创办《经世日报》作为喉舌，任命王文萱、蓝文澄两位教授为主笔。

旅欧2人为胡愈之和储玉坤[①]（详情见表）。这些涉足新闻学研究的归国留学生兼容并蓄，汲取美、日、德等国新闻理论和马克思主义新闻思想的精华，进行本土化改良，亦从侧面反映出中国新闻学的理论来源。

三、中国早期新闻学人往往兼新闻实践、新闻教育、新闻研究于一身

1918年，北京大学新闻学研究会成立，徐宝璜负责讲授新闻学知识。他结合自身从业经验，参考欧美新闻学书目，形成课程讲义；再结合讲课心得，不断完善新闻学理论。1919年，国人自撰的第一本新闻学专著《新闻学》最终成书。徐在自序中细陈写书修书之过程："新闻学乃近世青年学问之一种，尚在发育时期。余对于斯学，虽曾稍事涉猎，然并无系统之研究。客岁蔡校长设立新闻学研究会，命余主任其事，并兼任导师。余乃于暑假中，正式加以研究，就所得著《新闻学大意》一篇，以为开会后讲演之用。……开会后，余继续研究，加以会员之质疑问难，时有心得，遂将原稿加以修改，成第二次之稿……"[②]显然，"曾稍事涉猎"指其曾经担任《晨报》主笔的工作经历。早期中国新闻学人兼具从业经验和新闻学教学经验者多会总结实践经验、丰富新闻理论、著书立说、传道授业，这种情况并不鲜见。

从早期新闻学著作的作者（编者）身份来看：本丛书涉及国内著（编）者30人，除李公凡、刘元钊和鲁风三人身份不详，仅蒋国珍[③]、项士元[④]二人没有明确的新闻从业经验。而在这25人中，更有20人兼具从业经历与从教经历。新闻学人大多具有新闻从业经历，学术研究、传承活动与新闻实践密不可分（详

① 储玉坤，1912年生，江苏宜兴人，笔名雨君、储华。1937年中央政治学校大学部新闻学及国际政治专业毕业。1938年1月任《文汇报》编辑兼社论撰述者；1938年5月担任《文汇报》法国哈瓦斯分社编辑；抗战胜利后，任《文汇报》总主笔。1946年5月转任《申报》主笔和法国新闻社远东分社中文部主任，兼任中国新闻专科学校教务长和沪江大学新闻系教授。著有《现代新闻学概论》《第二次世界大战史》《美国经济》。

② 邓绍根．中国新闻学的筚路蓝缕［M］．北京：清华大学出版社，2015：244．

③ 蒋国珍出生于1896年，江苏溧阳人，做过学生运动领袖、国民党党员、教育工作者、政府职员、银行经理。曾加入上海学生运动，代表上海全国各界联合会、全国学生联合会、上海各界联合会、学生联合会四团体发声。虞文俊认为其传世的《中国新闻发达史》翻译自日本人伊藤武雄的《中国新闻发达史》，即蒋国珍应为此书的译者而非著者。

④ 项士元（1887—1959），佛教居士、学者。原名元勋，号慈圆，又号石槎。浙江临海人，通日、英、德、梵、俄文，一生佛学著作等身。25岁毕业于杭州府中学堂，后办私立小学和赤城初级师范，兼任各校教师；捐资并赠书创办了临海图书馆。项士元长期辗转江浙等地从事教育、新闻和史志方面的研究工作。中华人民共和国成立后主持台州文管会，任浙江省文史馆馆员。所著《浙江新闻史》是中国最早的新闻史之一。

见表1[①])。

从新闻学著作本身来看，许多民国新闻学书籍正是新闻实践和新闻教育的直接产物：国人自撰的第一部新闻采访学专著——《实际应用新闻学》根据邵飘萍在北京大学新闻学研究会和平民大学新闻系的讲稿所著，《新闻学总论》一书则根据邵氏国立政法大学的新闻学讲义整理而成；周孝庵[②]根据自己在复旦大学的新闻学讲义编著了《最新实验新闻学》；郭步陶[③]的《本国新闻事业》是上海市私立申报新闻函授学校讲义之十一；而《新闻学的基础知识》本就是中美日报读讯会[④]为新闻学自修者所出版的教材《实用新闻学讲义》之一；储玉坤的《现代新闻学概论》则是专门为大学新闻理论教科书而编写的（详见表2）。

正是由于早期新闻学人兼新闻实践、新闻教育、新闻研究于一身，才能为理论教学与著述提供最鲜活的案例，促使新闻实践经验迅速融入新闻学理论研究。这是近代中国新闻学迅速发展的重要因素，对于当今的新闻学研究、新闻学教育工作也有重要启示。

本丛书编委会邀请相关领域资深专家进行研讨，认真甄选了书目，仔细进行了版本比较和甄别，从而保证了本丛书较高的学术权威性。

由于历史的局限，民国新闻学书籍的不足是明显的，如学术理论不成熟、部分话语和话题打上了深深的时代烙印等；又因书中涉及的新闻稿件写作于特定历史环境和历史年代，其表达方式不严谨亦不可避免。盖所选书目皆是历史文献，我们在审校中尽量保持其历史原貌，不做大的删改；对极个别对马克思

---

① 李秀云．留学生与中国新闻学［M］．天津：南开大学出版社，2009：239-251．本书中李秀云整理了民国期间从事新闻学研究的留学生44人，并分析其留学国别构成、专业构成、新闻实践经历、从教经历等。

② 周孝庵（1900—1973），佛教学者、律师、报人。松江府人。毕业于江苏省立第一商业学校。历任上海时事新报馆记者、编辑、主编，著《最新实验新闻学》。1928年秋被复旦大学聘为新闻学教授。曾于上海法政大学获法学学士学位，1930年兼律师。1932年主编上海《新闻报》“法律质疑”栏目、编著了《法律质疑汇编》。上海沦陷后，曾氏关闭了律师事务所，潜心佛学研究。

③ 郭步陶（1879—1962），原名成爽，后改名惜，字步陶。四川隆昌人。名记者、新闻研究者。1911—1917年任《申报》编辑，1917年任《新闻报》编辑主任、主笔。1930年任教于复旦大学新闻系。上海沦陷后赴香港，任职于《申报》（香港）、《星岛日报》；1939年创建中国新闻学院（香港）并任院长。抗战胜利后回沪任教于复旦大学、新中国学院。

④《中美日报》是“孤岛”时期的国民党报纸，为躲避日伪新闻检查，在美商罗斯福出版公司招牌下运作，副刊有《集纳》《堡垒》等。1938年11月创刊，1941年12月停刊，1945年8月复刊，次年4月终刊。总编先后为杨勋民、查修、詹文浒，总主笔周宪文，执笔者有储玉坤、章丹枫等。胡道静曾任英文编辑。报社读讯会为自修新闻学的读者出版了《实用新闻学讲义》，共计10种，对编辑术、采访术、评论作法、新闻写作、新闻学史、剪报工作等都有专篇论述。

主义、共产党等的不适当叙述已进行了删除处理。

本丛书规模较大，从策划项目、搜集资料、校订编纂到审稿成书，历时两年有余。这50本书可能并非本本经典，其中有些内容亦有重复、雷同之处，但瑕不掩瑜，它们对于研究中国新闻学功不可没，作为新闻史资料极具研究价值。感谢中国传媒大学出版社和安徽大学新闻传播学院诸位老师的辛勤付出，也希望读者在本丛书中能读出更丰富的内容，获得启发并更深入地思考。

丛书主编　芮必峰

2018年5月7日

附表：

表1　著者受教育、从业、从教及著述情况列表

序号	姓名	是否留学及留学国家	从业经历	从教经历	著作
1	徐宝璜	美国密歇根大学，经济学、新闻学	北京《晨报》主笔	北京大学新闻学研究会、北京平民大学新闻系	《新闻学》《新闻事业》
2	戈公振	1927年赴美国、日本考察新闻事业	首创《图画时报》、“上海新闻记者联合会”会长、《申报》总管理处设计处主任兼《申报星期画刊》主编	上海南方大学新闻系、上海国民大学新闻系、复旦大学新闻系、上海沪江大学商学院、上海民治新闻学院	《新闻学撮要》《中国报学史》《新闻学》
3	邵飘萍	东京政法学校	《汉民日报》主编、《时事新报》《申报》《时报》主笔、创办“北京新闻编译社”、《京报》社长	北京大学新闻学研究会、北京平民大学新闻系、国立法政大学	《实际应用新闻学》《新闻学总论》
4	吴定九	日本名古屋工业专门学校土木工程	主持《京报》	北京平民大学新闻系、国立法政大学	《新闻事业经营法》
5	谢六逸	日本早稻田大学东洋文学史	《立报》文艺副刊《言林》主编、《国民周刊》《趣味》周刊主编	复旦大学新闻系、申报新闻函授学校、国立社会教育学院新闻系、暨南大学新闻系、大夏大学新闻系	《实用新闻学》《国外新闻事业》《新闻储藏研究》
6	黄天鹏	日本早稻田大学新闻系硕士	在北平创刊《新闻学刊》并担任主编	复旦大学新闻系、上海沪江大学商学院新闻学科	《新闻文学概论》《中国新闻事业》《新闻学入门》《新闻学概要》
7	赵敏恒	美国科罗拉多大学文学院、密苏里大学新闻学院、哥伦比亚大学新闻学院攻读英国文学和新闻学，并获新闻学硕士学位	纽约环球通讯社编辑，后加入路透社。“九一八”事变后为美国国际新闻社、伦敦《每日电讯报》《朝日新闻》等供稿。1945年10月任《新闻报》总编辑	复旦大学新闻系、中央政治学校新闻系、暨南大学新闻系	《外人在华的新闻事业》

续表

序号	姓名	是否留学及留学国家	从业经历	从教经历	著作
8	周孝庵	无	历任上海时事新报馆记者、编辑、主编；主编《上海新闻报》“法律质疑”栏目	复旦大学新闻系、新闻大学函授科	《最新实验新闻学》
9	张友渔	1930年、1932年、1935年多次赴日学习新闻学、考察日本新闻事业	《世界日报》编辑、《大同晚报》总编辑、《国民晚报》社长、《泰晤士报》总编辑、《新华日报》社论委员	燕京大学新闻系、北平民国学院新闻系	《新闻之理论与现象》《日本新闻发达史》
10	袁殊	日本新闻专科学校、早稻田大学历史系	创办《文艺新闻》《译报》、新声通讯社记者	上海自修大学新闻专科	《记者道》《学校新闻讲话》《新闻大王赫斯特》《新闻法制论》(译)
11	胡愈之	1928年法国巴黎大学攻读国际法	《东方杂志》编辑、创办《公理日报》、哈瓦斯通讯社远东分社中文部编辑主任、主编新加坡《南洋商报》		《胡愈之出版文集》
12	储玉坤	留法	《新闻报》编辑、《文汇报》编辑、法国哈瓦斯通讯社中国分社编辑、《文汇报》总主笔、《申报》主笔、法国新闻社远东分社中文部主任	中国新闻专科学校、沪江大学新闻系、之江大学新闻系、致用大学新闻学系	《现代新闻学概论》
13	任白涛	日本早稻田大学政治经济学	创办中国新闻学社、《新湖北日报》总编辑		《应用新闻学》《综合新闻学》
14	曹用先	美国密歇根大学[①]	上海商务印书馆编辑所[②]	大夏大学[③]	《新闻学》

① 毛彦文．往事［M］．北京：商务印书馆，2012：28．

② 雪林．一段值得介绍的婚姻（红藏·生活·第四卷第三十八期）［M］．湘潭：湘潭大学出版社，2014：435–437．

③ 毛彦文．往事［M］．北京：商务印书馆，2012：28．

续表

序号	姓名	是否留学及留学国家	从业经历	从教经历	著作
15	王文萱	留日①	《经世日报》②	国立社会教育学院新闻系③	《新闻概论》（译）
16	伍超	留美“攻读新闻科”④			《新闻学大纲》
17	郭步陶	无	《申报》编辑、《新闻报》编辑主任兼主笔、《申报》（香港）、《星岛日报》编辑	复旦大学新闻系、《申报》新闻函授学校、中国新闻学院（香港）、新中国学院	《本国新闻事业》
18	任毕明⑤	无	《民国日报》《时报》《快报》主笔、《大众日报》总编辑	香港中华新闻学院	《战时新闻学》《评论学十讲》
19	赵君豪⑥	无	《申报》副总编辑	上海商学院新闻专修科、复旦大学新闻系、上海法政学院新闻专修科	《中国近代之报业》《上海报人的奋斗》

① 杉村广太郎. 新闻概论・黄序［M］. 王文萱，译. 上海：联合书店，1930.

② 冯国定. 忆萧一山先生［M］//中国人民政治协商会议北京市委员会文史资料研究委员会文史资料选编（第43辑），北京：北京出版社，1992：104.

③ 苏州大学社会教育学院. 峥嵘岁月（第三集）［M］. 北京、上海、南京、苏州校会. 1991：229.

④ 伍超. 新闻学大纲・自序［M］. 上海：商务印书馆，1925.

⑤ 任毕明，原名任大任，生于1904年，广东鹤山人。1925年在广西梧州创办《民国日报》，曾任《时报》《快报》主笔，主持过香港的《大众日报》。参与创办香港中华新闻学院，并任教。著作有《龙虎集》《风云集》《社会大学》《新社会大学》《战时新闻学》和《评论学十讲》等。

⑥ 赵君豪（1900—？）江苏兴化人。报人。“五四时期”求学于上海交通大学，经常给著名的《民国日报》副刊《觉悟》投稿，并与时任《觉悟》编辑的邵力子讨论种种社会改造问题。毕业后进入《申报》馆工作，抗战后任《申报》副总编辑。1929、1942年两度兼任复旦大学新闻系编辑教授；1930年兼任上海法政学院新闻专修科教授，讲授采访学；曾任《申报》新闻函授学校教授。1944年10月在重庆出版《上海报人的奋斗》。

续表

序号	姓名	是否留学及留学国家	从业经历	从教经历	著作
20	杜绍文[①]	无	杭州《民国日报》国际版编辑、《东南日报》《前线日报》主笔兼《新闻战线》周刊主编、《东南日报》总编辑、《文汇报》办公室主任	复旦大学新闻系	《新闻政策》《中国报人之路》《战时报学讲话》《国际新闻纵横谈》
21	胡道静[②]	无	《万有文库》编辑、上海通志馆编修、《通报》《中美日报》《大晚报》等报记者、编辑、撰稿人	上海法政学院新闻专修科	《上海新闻事业之史的发展》
22	张静庐	无	创办上海杂志公司并出任总经理		《中国的新闻记者与新闻纸》《中国近代出版史料》《中国现代出版史料》《中国出版史料》《在出版界二十年》
23	萨空了	无	《北京晚报》编辑记者、《世界日报》画刊编辑、《世界画报》总编辑、天津《大公报》艺术半月刊主编	民国学院新闻系、北京新闻专科学校	《科学的新闻学概论》

① 杜绍文（1909—？），又名杜超彬，广东澄海人。1927年入复旦大学中文学新闻组学习，1931年留校助教。后任杭州《民国日报》国际版编辑、资料室主任、浙江《东南日报》主笔。抗战期间主编浙江战时新闻学会会刊《战时记者》月刊,《国民日报》总编辑、社长；抗战胜利后任上海《前线日报》主笔兼《新闻战线》周刊主编。1946年至1951年间任复旦大学新闻系教授，1952年任上海《文汇报》记者、编委办公室主任。著有《新闻政策》《中国报人之路》《战时报学讲话》《国际新闻纵横谈》。

② 胡道静（1913—2003），安徽泾县人。1931年毕业于上海持志大学国语系。曾参加《万有文库》编辑和上海通志馆编修工作。“孤岛”时期坚守上海新闻界抗日宣传工作，任《通报》《中美日报》《大晚报》《密勒氏评论报》记者、编辑、撰稿人，同时在上海法政学院新闻专修科讲授新闻史课程，为共产党的抗日宣传培养新闻干部。1949年后历任中华书局上海编辑所编辑、上海人民出版社编审等。

续表

序号	姓名	是否留学及留学国家	从业经历	从教经历	著作
24	管照微[①]		复旦大学校刊编辑、1931年兼任上海新闻社记者	兰州大学经济系	编《新闻学论集》
25	项士元				
26	蒋国珍	疑为《中国新闻发达史》的译者而非著者[②]			
28	李公凡	不详			
27	鲁风	不详			
28	刘元钊	不详			

① 管照微，高中就读于上海立达学园，曾与王济深、刘仲达、唐旭之等先后组织了“时潮社”和“立达剧团”。后进入复旦大学新闻系学习，与伍梦窗、林楚君、向浦、徐之津等加入了复旦大学“左联”，并负责复旦大学的校刊编辑工作。1933年12月21日因宣传左翼思想被捕，后任教于兰州大学经济系。

② 虞文俊是东亚中国新闻史研究第一人。《中国新闻发达史》译者蒋国珍初考［J］. 新闻界，2015（15）.

表2　书目

序号	年份	书名	作者	备注
1	1903	新闻学	〔日〕松本君平　著	
2	1913	实用新闻学	〔美〕休曼著　史青译	
3	1919.12	新闻学	徐宝璜①　著	北京大学 新闻研究会讲稿
4	1922.11	应用新闻学	任白涛②　著	
5	1923.8	实际应用新闻学	邵振青　著	北京平民大学、 国立法政大学讲义
6	1924.4	新闻事业	徐宝璜　胡愈之　著	
7	1924.6	新闻学总论	邵飘萍　著	
8	1925.1	新闻学大纲	伍超　著	
9	1925.2	新闻学撮要	戈公振③　编	
10	1927.9	中国新闻发达史	蒋国珍　著	
11	1927.11	中国报学史	戈公振　著	
12	1928.9	中国的新闻纸	张静庐　著	
13	1928.11	最新实验新闻学（上）	周孝庵　著	复旦大学新闻系
14	1928.11	最新实验新闻学（下）	周孝庵　著	复旦大学新闻系
15	1930.4	新闻事业经营法	吴定九　著	
16	1930.5	新闻概论	〔日〕杉村广太郎　著 王文萱　译	

① 徐宝璜，中国新闻学者、新闻教育家。1912年毕业于北京大学，后公费留美，于密歇根大学攻读经济学、新闻学。徐宝璜在美国密苏里大学受过系统的新闻学教育。

② 任白涛，笔名冷公、一碧，河南南阳人。1911年辛亥革命后，先后担任上海《民立报》《神州日报》《新闻报》驻河南特约通讯员，参加当地反袁活动。1916年留学日本，在早稻田大学攻读政治经济学，并加入了大日本新闻学会。

③ 戈公振所著的《中国报学史》最早由上海商务印书馆出版，是研究新闻学和我国新闻事业发展史的开山之作，国内外新闻界将之誉为中国首部新闻史学权威著作。任教上海国民大学期间，戈公振开始着手《中国报学史》一书的写作。在从事新闻工作之余，戈公振致力于新闻教育事业和新闻学研究工作，曾在上海国民大学、南方大学、大夏大学、复旦大学等校新闻系和杭州暑假报学讲习所讲授新闻学方面的课程，在新闻学研究上留下了许多著述。

续表

序号	年份	书名	作者	备注
17	1930.8	中国新闻事业（上）	黄天鹏[①] 著	
18	1930.8	中国新闻事业（下）	黄天鹏 著	
19	1930.8	新闻纸研究	〔日〕后藤武男 著 俞康德 译述	
20	1930.9	浙江新闻史（上）	项士元 编	
21	1930.9	浙江新闻史（下）	项士元 编	
22	1932.7	学校新闻讲话	袁殊 著	
23	1932.8	外人在华的新闻事业	赵敏恒 著	
24	1933.4	新闻学入门	黄天鹏 著	
25	1933.10	新闻学论集	管照微 编	复旦新闻学会丛书
26	1935	实用新闻学（上）	谢六逸[②] 编	申报新闻函授学校讲义之三
27	1935	实用新闻学（下）	谢六逸 编	申报新闻函授学校讲义之三
28	1934.1	新闻学	曹用先	
29	1934.2	新闻学概要	黄天鹏 编	复旦大学讲义、上海沪江大学新闻学专修科
30	1935	上海新闻事业之史的发展	胡道静 著	
31	1936.5	新闻学讲话	刘元钊 编著	

① 黄天鹏，字天鹏，别号天庐。1927年1月，他创办了我国首个新闻学刊（1929年扩改为《报学月刊》）并任主编；他是我国新闻学术史上最早研究新闻学之产生及发展史的学者，是我国具有新闻学术史观的第一人。他于1923年就读于北京平民大学报学系，1929年留学日本,修业新研究所,旋入早稻田大学新闻系。归国后出版了《新闻文学概论》《中国新闻事业》《新闻学入门》《新闻学概要》等十余本新闻学专著。

② 谢六逸，中国现代新闻教育事业的奠基者之一。著名的作家、翻译家、教授。1917年以公费生身份赴日就读于早稻田大学。1922年毕业归国，入商务印书馆工作。后历任神州女校教务主任及暨南大学、复旦大学、大夏大学教授。1930年任复旦大学中文系主任，并创设了后来闻名海内外的复旦大学新闻系，任主任。

续表

序号	年份	书名	作者	备注
32	1936	本国新闻事业	郭步陶 编著	申报新闻函授学校讲义十一
33	1936.6	新闻之理论与现象	张友渔 著	
34	1936.11	记者道	袁殊 著	
35	1937.7	现代新闻学概论	储玉坤 著	国民党政府唯一指定大学新闻理论教科书
36	1938.7	战时新闻学	任毕明 著	
37	1938.9	中国近代之报业（上）	赵君豪 著	
38	1938.9	中国近代之报业（下）	赵君豪 著	
39	1938.10	基础新闻学	李公凡 著	
40	1939.7	中国报人之路	杜绍文 著	
41	1940.4	新闻学	戈公振 著	1932 年完稿，另有 1947 年版
42	1941	新闻学的基础知识（上）	中美日报读讯会 编	中美日报读讯会实用新闻学讲义
43	1941	新闻学的基础知识（下）	中美日报读讯会 编	中美日报读讯会实用新闻学讲义
44	1941.7	综合新闻学 1	任白涛 著	
45	1941.7	综合新闻学 2	任白涛 著	
46	1941.7	综合新闻学 3	任白涛 著	
47	1944.9	新闻学	鲁风 著	新中国自修学院约稿
48	1946.6	科学的新闻学概论	萨空了 著	另有 1945.3 出版的署名艾秋飚的版本
49	1946.11	新闻史上的新时代	胡道静 著	
50	1947.12	新闻学的理论与实际	〔英〕斯蒂德 著 王季深 吴饮冰 译	上海文化函授学校读本

贅言

本書編述之用意、以我國新聞界所最需要者、為各種外交記者（訪員Reporter）之人才、故專就新聞材料採集方法具體說明、為養成外交記者人才之助、

鄙人對於新聞之學、愧未深造、本書內容要點、前年曾在北京大學新聞研究會中演講一部分、後又在平民大學講演若干節、係參考歐美日本學者之專門著述、及自身十餘年來實地經歷所得、以極淺顯之理論、供有志青年之研究、書中所述理想的外交記者之資格、乃希望有志青年、取法乎上、勉為其難、著者決未敢望其項背、

本書目的、既期實用、與他種科學教科書不同、故各章各節、詳略修短、不求一致、惟以必要為標準、讀者諒之、

鄙人在職務匆忙之日、又當天時最熱每日寒暑表達攝氏百度左右之暑期、揮

汗執筆、不一月間、倉卒成書、初稿既竣、無暇再閱、辭句修正、亦不可能、鄙俚晦澁之譏、掛一漏萬之病、實所難免、尤不自安、擬卽以此充下學期平民大學之講義隨時增刪、稍期完善、若承海內外同志　諸君糾謬繩愆、屑加教誨、乃日夜禱祀以求者、

本書爲新聞學最要之一部分、他日有暇、擬再說明編輯營業兩方面之理論方法、俾學子得見新聞學之全璧、

本書初稿竣後、一切印刷校正諸務、均沈海石（江）君代任其勞、特誌感謝、

中華民國十二年八月五日　飄萍識

序文

顧維鈞　顏惠慶　湯爾和　王正廷　路透社伊文思　黃　郛　江　庸

蔣夢麟　張東蓀　徐寶璜

寫眞題字

新聞，△在紐約發行之德人報紙　△瑞典第一有力新聞　△德國之新聞　△比利時之新聞　△日人在北京之機關　△瑞典之半官報　△爪蛙日本人所辦之報　△日本最古之新聞　△馬尼拉新聞　△美國之新聞

◇補白短篇目錄

顧序

中國之有新聞業、自有清同治季年英人美查在上海剏設申報始、厥後華人踵起、通都大邑、漸有組織、歷經戊戌政變、辛亥改革、宏效卓著、遂駸駸乎遍全國焉、邵君飄萍、初來京時、任申報外交記者、通敏踰常人、雅負時譽、比年以來、仍爲上海著名報紙任北京專電通信、首創新聞編譯社、其所辦京報、尤爲遐邇風行、今更詳述十餘年之經歷、著實際應用新聞學一卷、夫負笈歐美之彥、固亦有研討新聞學者、然尚未見有合實用之著述、則邵君此書、其開山之初祖矣、

中華民國十二年八月十五日　顧維鈞

●中國歷史上之『京報』

△及開元雜報

日本楚人冠所著『新聞紙學』、其緒言中敘述新聞最古之歷史、謂我國自周以來即有名爲『京報』之官報、至唐玄宗開元年間又有『開元雜報』、是皆歷史上傳說之新聞紙、出周之『京報』、去今三千餘歲、可謂爲世界第一最古之新聞紙矣、

顏序

邵君飄萍以所著實際應用新聞學一書示余、余讀之、此書言簡意賅、足以振起新聞事業上之精神、邵君又多以生平經驗指示學者、益見眞切有味、可佩孰甚、以我中國之大、人民之衆、新聞事業之幼稚、鄙人恒以世界學識衡之、輒不禁有餘憾、茲邵君有是書之作、吾國新聞事業進步、此其徵已、竊嘗有言、新聞家於世界社會中所負天職極重、政治發動、足以導其機、學術變化、足以救其偏、風俗隳敗、足以匡其失、新聞家之事業、實太史氏之勳勞也、昔聖有云、君子引而不發、中道而立、能者從之、鄙人於新聞事業亦云然、此其所負天職、豈不重歟、至實際應用之道、邵君言之已詳、胡庸贅乎、

中華民國十二年八月顏惠慶叙于京邸

湯序

中國有報紙五十二年、足當新聞外交而無媿者、以余所知、僅得二人。一爲黃遠生、一卽飄萍。遠生以不世出之才、横被摧折、已矣、不復言矣、飄萍方在盛年、踔厲奮發、又嘗飽經痛苦、舉凡所謂窮餓、羈囚、逋逃、淪落、兄弟妻子離散、人生所不堪之楚毒、殆無不以一身受之。夫以飄萍之才調心思、眼光手腕、而又有此十餘年之社會敎訓、今欲囊括以告諸青年。出其所聞所見所知所行、假此書而發揮之。其爲深切著明、固不待吾人之陳說也。惟有不能已於言者、昔遠生操新聞生活而舉世忌之。非忌遠生、忌遠生之才而操遠生之業也。遠生之探新聞、幾於無孔不入。常人所不能到之地、遠生無往弗屆。尋常所不能見之人、見亦不得其要領者、遠生必有術焉、使之不能拒絕。非啻不拒絕而已、且使之不能敷衍、而又樂與爲緣。雖立談之頃、必得其綱要而去。其文浩瀚、又足以發揮所見而有餘、此其所以死也。飄萍之勤、蓋與遠生伯仲、而記憶之强、故當過之。文采縱稍遜於遠生、而內容之翔實、遠生猶或不逮。飄萍當閒談之際、機抒無窮、其言滔滔、羌無成府。一旦行其職務、則狀若木雞、而靜穆又如處女。批郤導窾、發問不多、使言者無所遁飾、亦不能自已。昔英使某君、謂項城對客、有如拳毛之狗、伏臥不動、而骨中之髓吸吮無餘。吾亦謂善發問者、有如食蟹。一敲一剔、肉已無遺。飄萍眞其選哉、此又遠生之不死也。

新聞記者之資格、此書言之詳矣。顧余所欲言、尚有二事、其一、爲身體之健康、新聞記者之生活、直與常人異趣、語其大概、可以『飲食無節、起居不時』二語括之。他事不論、即此二端、已犯養生大戒。據醫家統計、凡貧血、便秘、神經衰弱之流、新聞家必占多數、其故可知。身體不能堅强、則從事精神操作者、凡觀察、言論、行爲、舉措、無一而非失策。項城權謀術數、信足爲一世之雄。及其衰也、乃不能見眉曉之禍。進退失據、爲世僇笑。項城不足數、五代之亂、李亞子暗鳴叱咤、目無羣雄。及其衰也、泣下沾襟、身死伶官之手。遠而至於劉季、垂暮之日、乃畏黥彭、謂其兵似項羽。方其壯年、視項王如無物、何乃畏一似項羽者。蓋子女玉帛之餘、四肢百體同歸朽落。觀察不復行、智識不爲用、思慮不能銳入、而胆氣亦不足以赴之。塊然一物、不墮其既成之事業、而喪其一世之令名者幸耳。嗟夫、比儗雖近不倫、而吾人正不容菲薄、此欲爲飄萍言而又不僅爲飄萍言者一也。

復次、則居今日詭幻恢奇政象之下、吾人不能不自堅其壁壘、先爲攻而不陷之計、然後可以因利乘便、導人心於正軌。今之國中、不啻危機四伏、抑且陷穽滿前。新聞家之地位、乃日在萬丈懸崖之巔、馳其摩托、與此墮入九幽之鬼友、日挑心招、以得其所謂材料者。吾人在精力沛然、目光四射之際。此聳羅刹鬼王、山魈木客、或且出其假面與吾人相周旋。萬一授以可乘之隙、度未有不磨牙而至者。以飄萍之智、固於書中慨乎言之。（七—八頁）第吾儕浙中子弟、大率以倔強著稱、徒張空拳、而多方樹敵、此至危之道。間亦爲飄萍諍言而兼以自訟矣、雖然、言之匪艱、行之維艱、願與吾友共勉之而已。

中華民國十二年八月　湯爾和

實際應用新聞學目錄

實際應用新聞學

一名『新聞材料採集法』

邵振青飄萍初稿
（待再版時修正）

一 外交記者之地位

報紙之第一任務、在報告讀者以最新而又最有興味最有關係之各種消息、故構成報紙之最要原料、惟新聞、報紙上所發表之評論、乃依據新聞中之事實而加以批判者、新聞不眞確、則評論亦自難期公平與適當是故報紙價値之有無大小、與新聞材料之敏捷豐富眞確與否、有最密切之關係

我國新聞事業所以幼稚腐敗之原因固由於政治上社會上一切設備均尚未能脫離幼稚腐敗之可憐境域、報紙爲一切事物之縮影、自不能單獨發展而不

受環境之束縛、惟報紙自身內容之幼稚腐敗、於可能的範圍以內、有急須加以改良者、第一應注意之點、即爲新聞。

編輯方法之優劣、每足以使新聞增減其趣味、但苟根本上缺乏新聞之材料、則所謂「巧婦不能爲無米之炊」、雖懷絕技安所用之、然則欲求報紙之改良、當先從根本上注意新聞之材料、我國各種報紙之內容、最可認爲幼稚腐敗之點、一在新聞材料之缺乏、一在所載新聞之不確、非但報紙本身無重大價値可言、其影響於國家社會者尤匪淺鮮、故改良新聞材料、乃改良報紙之根本先決問題、新聞材料何自來、全賴外交記者之活動、（日人所編著之新聞學中、稱外交記者或外勤員、即我國人稱爲訪事或訪員、英語之 Reporter ）然則外交記者之養成、尤爲改良報紙之根本的根本、我國舊習、一般人對於報館之訪員、向不重視其地位、即以報館自身論、亦每視社外之外交記者爲係主筆或編輯之從屬、例如今日號稱規模弘大之報館其主筆先生之腦筋皆不免陳腐幼稚、不認社外記者爲與彼處於同等重要之地位此我國報紙內容腐敗之重大原因、一方面充當報館訪員（或訪事）之人物大半皆缺新聞學上之知識且並非有何訓練與修養不欲以此爲永久固定之職業亦有視爲不得已之一種過渡生活在秘密中探訪消息不居報館訪員之名義者凡此種種既不爲政治上社會上各方面之所重視即自身亦不認識所居地位之重要及與國家社會有如何重大之關係我國外交記者人才之所以缺乏、實以此爲主因報紙內容之腐敗幼稚不待言矣、

社會所以不重視訪員之故半由無對於新聞事業重視之觀念半由爲訪員者於上述弱點之外更多不健全之分子不能自重其人格對於新聞材料不求實際之眞相以忠實態度取舍之或受目前小利之誘惑或以個人意氣泯沒其良

知、視他人名譽爲無足重輕、逞其造謠之技、一旦被人指摘、則以『有聞必錄』一語自逃其責任、愚意我國報紙中時見有所謂『有聞必錄』之無責任心的表示、乃最易流於不道德之『專制的』惡習、以革新進步自任之外交記者、萬萬不可沿襲之、以招社會之厭惡與輕視、曩在北京大學及平民大學講演新聞之學、曾對於有聞必錄一語、再三攻擊、願有志於新聞事業者、振起其責任心、凡事必力求實際眞相、以『探究事實不欺閱者』爲第一信條、此愚所不惜叮嚀反覆、冀學者能始終自尊其職務、庶可以引起社會信賴之心、

人類社會文化愈進步、則報紙之需要與責任愈增加、報紙內容之最重要者、既爲新聞、而新聞之所自來、則由於外交記者（訪員）所供給之消息材料、然則報紙內容之價值如何、評論事物之正確與否、國家社會所受言論界之影響、其責任大半外交記者負之、不僅關於國內也、世界外交上之大問題、帝國主義者準

備大戰爭之陰謀、每因新聞訪員之一電、足以左右之、揭破之、使局勢根本變化、(例一)直接間接影響於國勢之盛衰、人類之幸福、故如世界各國歷次之會議(近如巴黎和會華盛頓會議等)各國新聞訪員之活動、其勢力每與代表公使不相上下、(例二)因新聞政策之關係、世界各大報館、皆不惜鉅貲以供外交記者之活動、各國政府支出關於新聞政策之費用、每達數百萬元、均足證明報紙勢力之偉大、與夫外交記者責任之重要、是故外交記者(訪員)所處之地位、爲社會國家世界之耳目、人類各種新事實之表現、皆難逃耳目之鑒察、其取作材料、載諸報紙、發爲批評、則猶之耳目以所聞見者轉達於腦府、無耳目、則腦府頓失其功用、於此可以知外交記者所負之務任及其地位爲何如矣、

例一●普法戰爭之後、不數年而法已漸恢復其勢力、德之君臣、實有再擊法國之陰謀、其機密爲英國訪員所揭破、登載於報紙、各國預爲之備、遂以挫德之勢、使歐洲延長四十年之平和、

例二●倫敦泰晤士報之中國特派員莫利遜君、爲袁世凱之外交顧問、彼之一紙新聞電報之勢力、足使列强在華破其均勢、黑幕中隱操外交之大權、其年俸之優厚、生活之豪奢、交遊之廣闊、遠駕各國公使之上、又如該報日本特派員浦林克利君、實際在政治界亦有甚大之權力（上兩則見日本新聞學會出版之新聞記者外交術）

二　外交記者之資格與準備

外交記者爲新聞界戰鬭之壯士、其所處地位之極爲重要、已如前篇所述、愚嘗謂我國新聞界外交記者人才所以缺乏之原因、旣出於社會國家之不重視、又以一般記者無新聞學上甚深之知識及關於新聞外交術之特別訓練與修養、蓋處於如是重要之地位、決非僅恃天才者所能勝任而愉快、是其資格之養成、必經種種繁複之準備、茲可分數方面說明之、

A、品性爲第一要素

外交記者發揮其社交之手腕、與各方重要人物相周旋、最易得一般社會之信仰、亦最易流於墮落、不自知而不及防、蓋因其握有莫大之權威、則種種利慾之誘惑、環伺於左右、稍有疎虞、一失足成千古恨矣、故外交記者精神上之要素、以品性爲第一、所謂品性者、乃包含人格操守俠義勇敢誠實勤勉忍耐及種種新聞記者應守之道德、貧賤不能移、富貴不能淫、威武不能屈、泰山崩於前、麋鹿興於左、而志不亂、此外交記者之訓練修養所最不可缺者、夫交遊廣則品類不一、上自最高當局國務要人大政治家大學問家大資本家、奸人敗類、以至卑官小吏、與夫走卒、皆外交記者所可與接觸之人物、外交記者心目中、絕無階級之觀念、惟以如何乃可盡其職務、爲交際活動之目的、故其品性爲完全獨立、不受社會惡風之薰染、不爲虛榮利祿所羈勒、是爲養成外交記者資格之先決問題、世每有絕頂聰明、天才茂美、利用地位、藉便私圖、至於責任拋棄、人格掃地、一般無知識者驚羨其豪華闊綽之日、正吾人認彼天良喪盡墮入地獄之時、此不過逞其最短時期之慾念、實際上毫無所成、一旦敗露、則世人之厭惡非笑集矢其身、欲挽回而已無術、不僅害及一已、新聞界之前途實受其累、是安可以不慎、此係必然之因果、固不獨外交記者爲然、惟外交記者之地位尤易流於墮落、愚故不惜以閱歷所得、再三鄭重爲有志諸君告也。

B、必需之知識與經驗

外交記者之種類、當於下數章詳言之、依其分業之不同、所需要之知識亦異、故必具有一二專門之學問、但分業云者、在歐美日本新聞事業發達之國家爲然、我國則每以一人而兼各種事物之訪員、故具有一二專門學問之外、尤須富於觀察各種事物之常識、且必諳熟幾國之語言、否則其觀察力活動力必將減少、或致聽信不合理與無常識之風聞、即作爲消息材料、以欺閱者、又凡爲外交記者於專門學問及普遍常識之外、尚有幾種獨特之智能、此類智能、大部分係積經驗而成、惟天才優者、則加以經驗更易發揮其能力、茲復將外交記者獨特之智能略舉數項如下。

1、知新聞之價值　凡外交記者訪問各界重要人物、與彼爲長時間之談話、在與對談之人、決不能隨時指示記者謂此語係新聞、此語係非新聞、更不能分別告知記者謂此語係新聞之重要者、此語係新聞之非重要者、是純在外交記者能注全神以靜聽、遇緊要處即默記於心、且以種種方法使對談之人滔滔不倦、無意中乃獵得重要之消息、(例一)故必外交記者認識新聞之價值、孰爲重要、孰非重要、若者可棄、若者可取、又不僅訪問對談爲然、遇有他人間談話或電話之無庸竊聽而可得聞者、均宜留意聽取、或因是得完全之新聞、或因而闢尋訪之徑路、(例二)故對於新聞價值之認識、乃因各人程度而感觸不同、例如有外交記者數人同往面謁國務總理、各人歸而記載、其輕重取舍、必非同一、認識新聞價值者能使重要之點毫無遺漏、否則僅記談話糟粕而反遺漏重要之新聞、不啻虛此一談矣、是即所謂外交記者獨特之智能、所賴天才、尤需經驗者也、美國威斯康新大學新聞學教授蒲雷亞氏曾下新聞之定義曰、

「新聞者、適切機敏、能與多數人以興味之事實也、最佳之新聞、即為與最大多數人以最大之興味者、

研究新聞學者、即從此點而測量新聞之價值、然在最短促之時間中、一聞而立辨其價值之大小、固非有豐富之知識與經驗不可耳、

例一●恐某次在北京飯店宴全體閣員府院秘書長等、各人興致勃然、無所避忌、吐露甚多重要之消息、恐預備電報紙於隔室、分兩脚踏車守候於門外、隨得隨發、宴會未終、而各種重要消息已達於上海、越兩日各閣員見上海申報披露許多重要電報、為之躍然、亦一有趣事也、

例二◉當中德斷交尙未決定之際、愚某日在國務院某秘書室中隔室即爲總理辦公之所、（彼時國務總理爲段祺瑞）聞院僕致電話於美國公使謂『下午三時段總理赴貴使館訪晤貴公使』其時適美國與德斷交希望我國一致行動之日、愚料此事必與中德問題有關、且總理親赴美使館、尤可測其關係之重要、立即赴美國使館、與某參贊晤談、詢以段總理下午三時見貴國公使有何商議、某參贊突受此問、頗爲驚訝、愚告以此事大體業已知之、惟欲得一參証之資耳、於是美政府有訓令到駐京使館、遂以探得又急回國務院見段總理、詢以下午赴美使館事、亦故示已完全知其內容、中德斷交之一段消息、遂能最早知其實行之期、然動機不過先聞院僕之一電話、假使當時不甚注意、亦即將機會錯過、可見新聞記者之耳目當時時留意、不可因無足重輕而忽之也、

2 觀察力推理力聯想力　上言識認新聞之價值、爲外交記者必具之第一要件、但有時所聞者或係僞造之消息、或半眞半假而含利用之手段、或僅吐露一部分而不肯明言茲事之全豹、外交記者於此應以銳利之眼光、觀察其眞僞、故必須有觀察力、又凡消息之不實者在理性上必有破綻可尋（例一）常人

聞之以爲可信、外交記者一聞而知其不確、故必須有推理力、更遇談話半吞半吐之人、最易不得要領、縱可獲其一部、亦苦於漫無系統、不能明其因果、則心理學上之聯想作用、每足以濟其窮、（例二）故必須有聯想力、三者合用、則對於無論遇如何複雜之消息、必不至與事實相去過遠、欲造謠以利用外交記者之官蠹政痞、亦每無所肆其技矣

例一●黎元洪出走以後、外交團對於攝政內閣承認與否之問題、爲一般人所注意、此際某通信社忽有「領袖衛使照會國務院」之說、以此證明外交團非不承認攝政內閣、一般人易信爲有力之證據、但在吾人聞之、則立刻可知其僞、因其違背於理性也、蓋外交團無論何事對於於我國政府有所接洽、必與外交部交涉、決無直接致照會於國務院之理、則前段新聞根本上不能成立、又如某社言衛使訪交通總長吳毓麟、談欽路共管問題、衛使力言並無共管之說云云、亦陷於同一錯誤、蓋衛使若有意見、必往訪外交總長、無直接與交通總長交涉之慣例、前次臨城劫案發生、衛使曾與吳交長面談、然該使固先請外交部介紹而後往見、此外則見面不過談個人交際而已、

又近來我國言論界道德日壞、假造之新聞愈多、至有僞造電報全文者、常人必視爲可信、一經推理、立可以證其僞、如反直派對於直派欲挑起上海各報之反對、造一國務院秘書瞿宣穎致電國務院報告收買上海各報情形之電、瞿氏本以他事赴滬、七月十九晚出京、而此僞電二十四日已見於北京報紙、內述與齊燮元接洽及與上海各報館接洽經過、假有其事、瞿氏必向某閣員個人秘密報告、決不至致電國務院、且與上海各報接洽、乃爲至難之事、決不能十九晚出京而二十四日已有各家均接洽就緒之成績、況在寧又曾勾留乎、

例二◉聯想力之活用、乃足使新聞完全而有系統、使讀者格外感有興味、如突然發生蘇督李純自殺之消息、當時京報首先發出號外、已使讀者人人注意、但外交記者此時運用其聯想力而再加探、聽用何方法以自殺、（手槍自戕或服毒）自殺之遠因近因、自殺後李氏之家庭如何、自殺後南京治安秩序如何、蘇督何人繼任等等、皆從聯想而加以探索、成爲有系統之新聞、聯想力之敏鈍、與探得新聞之遲速、乃大有關係矣、

又如物價甚貴之一消息、可從此點出發、聯想及於金融、及於平民生活、及於竊案犯罪者之多、

又吳佩孚與外報記者談話、主張統一必須用武力、且對孫中山謂其數月內必將被逐於廣東、吾人

於此可聯想曹錕與孫中山携手說之不能實現、南北和平會議說之成立一時無望焉。

3. 細密與注意　外交記者之觀察、推理、聯想、固為探索新聞真相之利器、但此際有不可忘者、則細密與注意、尤為探索無論何種新聞皆不宜或缺者也、若自負其觀察推理聯想、而以粗疎出之、則未有不失敗者、蓋觀察推理聯想之所以不誤、決非僅恃聰明謂可以料事如神、必其周圍之情形無一遺漏、乃可綜合參證而知其必然、若忽略一方面、則預料必不能中矣、故細密與注意為外交記者必要之條件、如新聞中之人名地名數目時間、皆為構成新聞材料之要素、(例一)過話音不明瞭(或官話不佳)之人譚話演說、或有不善辭令所言前後無系統多重複者、在報紙上記載決不能如速記生之依樣葫蘆、此時外交記者凝神壹志以靜聽默記、無論人名地名數目時間皆須一一識之、而又須得其譚話演說之要點、精神、故往往發表於報紙者、較諸本人之所述為佳、使人欽服外交記者之特別技能、且當時靜聽、不宜於用筆、（理由在他章說明之）固由於有過人之强記力、（例一二）而細密與注意、尤覺其必要矣。

例一◎對德宣戰決定之日、在兩日以前、閣員皆嚴守秘密、彼時財政總長梁啟超、與梁君通電話、梁君恐問以茲事、欲拒絕面談、恐告以五分鐘即到、只談兩分鐘、梁君在電話中不能拒、遂往與談、詢對德宣戰事、梁君言請原諒我所居地位、不能奉告、恐約二日內絕對守秘密、（既約定則絕對不可負約）梁君乃告恐決於某日某點鐘起、宣告對德處於交戰狀態、蓋宣戰非但有日期、必有鐘點、恐別梁君、即急電上海、而在京則確守秘密、故上海除申報外、他報所紀載者、皆只有宣戰日期、而鐘點則無人注意、此足證細密之必要也、

例二◎昔倫敦泰晤士報之巴黎特派員勃羅惠芝君、Henri S. de Blowitz僅聽得讀柏林條約之前文一遍、即全部記憶、而發電於泰晤士報、人皆驚其記憶力之强、

4、機警與敏捷　外交記者之職務、每在時間分杪上競爭、故機警與敏捷、乃外交記者應具資格之一、且無論何種人物、皆須與之周旋、只問其人當時所

處地位與新聞有無關係、不問其功罪善惡、有時精神上固稍覺痛苦、然爲盡其職務計、不便以眞面目示人也、故外交記者之態度每因人而施、臨機應變、不能拘於常格、（但品性則須始終堅强、如A節之所示）言動須非常敏捷、惕於時間機會之稍縱即逝、而有無論如何必達其職務上目的之决心、此大半亦由經驗而得、有可以意會不可以言傳者、（例一）

例一●當黎段爭衡、府院風潮正烈之日、有一次段氏忽辭職而赴天津、政界陡起極大風波、而外人均莫測此事動機因何原因而致此、段既赴津各方紛紛赴津挽勸、黎亦表示尊重內閣、段乃奏凱回京、其時已爲晚間十一時半、愚赴車站欲與段氏會晤、至則段已由站歸宅、迎迓之人亦散、此時想已無法可以與段見面、然愚尚欲爲最後之奮鬭、急換乘汽車奔赴府學胡同段邸、兩方柵門已閉守衛森嚴、愚令車夫急鳴警笛、仍向邸內進行、門者以爲時已夜深、必係閣員或要人有何重大問題而告總理、柵門大開、愚遂入內、門者見愚、顯示不悅、謂總理自天津歸、非常勞頓、業已就寢、請明日來、愚告以我有要事請君姑且入告誰知此時段方戰勝黎氏滿腔得意願對愚談遂肅愚入自十二時半談至三時非但黎段此番衝突之因果完全明瞭且一年以後政局之變化均得知其推演之徑路（如一年後梁啓超任財政總長而是晚段已與愚談及之）可謂大告成功其時愚適與行嚴君合辦甲寅日刊自段邸出即直赴印刷所將此項詳情插入要聞欄內第二日報遂售罄引起閱者之極大興味設使當時稍無勇氣即錯過機會矣

例二●日本明治二十二年十月大隈重信爲外務大臣有來島恒喜者投以炸彈大隈負傷當時每日新聞記者波多野傳三郎君立刻赴外務省未幾外務省門外已爲警察所包圍禁止入內各報記者無法探悉其眞相有時事新報記者岡本貞烋君直往借乘福澤諭吉先生之馬車驅赴外務省彼時日本惟政界有勢力者始乘馬車故得入內面見大隈詳詢一切第二日各報紀事以每日與時事兩者爲最詳此敏捷機警之成功也

5、個性拋棄來源秘密　我國新聞紙中有一種特殊之點凡評論通信每皆附以作者之名或別號此種情形或有時含有負責之意味以愚之所觀察殆此種意味甚少、不如謂爲成就個人名譽之意味爲多、蓋不問評論通信之載於報紙、其負全責者必爲報社之主任、外交記者則對於主任負責、對外無所謂責任也、例如因一段新聞而惹起文字之禍、官廳所追究者必爲其報社之主任、不問是項新聞之署名者爲何人、故可證爲與責任問題無涉、所以每皆署名或別號之故、一則其人藉報紙而造名譽、一則或係新聞界著名人物、報紙署其名可增讀者之信仰、我國報紙中所以多署名號之文字、不外此兩種原因、而各國新聞學者多不主張之、其理由則凡報館之外交記者等皆應盡忠於報紙、爲報紙造成名譽、而拋棄個人之出風頭、凡所活動皆爲報紙而非爲個人之名譽、故主張個性拋棄、

無論報社或外交記者、對於新聞之來源、宜始終絕對秘密、(例一)蓋社外人欲新聞於報社、或以新聞告知外交記者、乃信賴報社及外交記者決不至洩漏其

來歷、始敢時時有所供給、若不守此義而以其來源告知社外之人或陳述於官廳、乃爲最不道德之事、例如我國報社中人接得外間投稿與其友人有關係者、往往有即以此稿告知友人以賣情面、甚至爲敲詐之行爲者、實所難免此固下等之報館無知識之記者而始爲此、非但最不道德、且足使報館蒙極大之不利、因來源若可以示人此後即無人敢於熱心供給材料、故嚴守來源之秘密、一方爲道德問題、一方又爲利害問題、外交記者及報館主任、皆不可不知也、(例一)

例一●美國報館對於新聞之來源、認爲職業上之秘密、即在裁判所中、亦拒絕陳述、已成爲判決例焉、

例二●愚初辦報之時、係在浙江、當時革命以後、軍人勢力、彌漫政界、凡有攻擊彼輩之新聞登載後、每來函請將原稿及訪員交出、以便直接加以懲創、即在北京、遇有登載軍警界事、亦曾接數次警廳來函、要求將原稿及投稿人告知、倘遂其請、則投稿人立生危險、故愚照例覆以「凡鄙所辦之報登出新聞、皆完全由某負責、有何錯誤、可向某交涉、至於原稿及訪員姓名、無論何時何地、照例向不示

人、務希原諒」云云、又有一事、讀者或尚記憶、京報昔有「青年之友」一版、編輯人不注意、且爲感情所左右、登載一篇攻擊蘇梅女士（女高師學生）之文、署名爲一「右」字、引起一大風潮、外間紛紛要求將此篇文字著者之眞姓名宣佈、則可與京報無涉、愚對此甚爲抱歉、將編輯人辭退、然對外完全由愚一人負責、自赴女師校面向蘇梅女士道歉、始終未宣佈此篇惡劣文字著者之眞姓名、亦確守此種道德之一例也、

6、不發表之預約、　外交記者與人談話、從其談話中得有許多重要消息、有時有一部分不能發表者、或有一部分須到適當時機方能發表者、此際宜相度情形、加以約束、或不加以約束、約束之方法、每於談話終了或臨行送至客室外時、微微問以「頃間所談者想皆可發表乎？」所謂相度情形者、當視與談之人性情如何、不甚膽怯者否、倘不必問而問、或問時語氣過於鄭重、必引起談話者之恐懼而要求勿爲發表、豈非作繭自縛、故此際外交記者之學識、極爲重

要、蓋明知此類事發表無妨、即不必多此一問、若係有重大關係者、又非一問不可、尚有變通之方法、則主張發表而允許絕不漏洩爲何人所說（不發表來源一使談者可以安心焉、

但有所當知者如談話之人、切囑其勿發表、此時外交記者可持異議、謂『似發表亦無妨事』而求談話者之取消約束、若彼人仍執非秘密不可外交記者亦允其秘密則即有嚴守秘密之必要、萬萬不可負約、否則即失下次談話之信用、且不合於外交記者之道德、亦有要求於數日或數小時以內不能發表者、外交記者既允之、即當始終如約而勿提前發表、如我國對德宣戰決定時、愚與梁敢超君約定在兩日內決不發表、（見前第3項例一）如段祺瑞君與愚談話、則每謂君可斟酌發表、有學識之外交記者、惟臨機應變以處之耳、（例一）

外交記者對於不能發表之新聞、仍須視爲重要而切記之、蓋世間所有之事實

原非盡供發表者、惟知其秘密、則與觀察他種有關係之事、亦屬有益、且遇秘密性已過去而敘述原因結果時、即可資以應用、不能謂不可發表之事、遂無足重輕而置之度外也、

例一◉關於新聞發表與否之約束、愚與汪大燮君曾起一段交涉、曩時汪君任外交總長、與愚詳談對德對奧絕交宣戰之事實、汪君以外交總長之地位、頗能盡言無隱、臨別則愚告以斟酌、愚乃擬發表其一部分、與外交實無妨也、晚間接汪君左右電話（似為劉崇傑君）謂絕對不能發表、愚乃遵命收回、本無問題矣、誰知汪君左右竟在第二日報紙上否認昨日汪總長曾與邵某面談、此則有損新聞記者之面目、不能坐視、蓋如彼之否認、則不啻謂愚偽稱曾與外交總長晤談、如此虛偽之否認、記斷難承認也、愚乃第二日直致書於汪君、請將報紙上一段否認之言自行取消、否則惟有將昨日談話全部發表、汪君乃照辦、愚甚感之、故與不甚明瞭新聞性質者談話、尤當注意、汪君當時固為難、而左右之辦法不安、由今思之、又甚可原也。

7. 但知事實不要求登載　外交記者在外活動多年、則個人之朋友必多、

（外交記者最要爲多個人的朋友理由詳後）此時亦每有爲難情形發生、蓋如不利於朋友之事、在職務上亦不能抹煞也、則惟有以入格得朋友之諒解、所謂人格者、凡事但知以事實爲標準、如裁判官對於兩造無虛僞揑造加減之弊、而視其職務爲神聖、果凡事並無私意、而完全根據事實、則朋友亦必諒解之、又我國舊時所謂訪員、每有投稿報社而要求主筆必爲登載者、此出於外交記者職務範圍之外、爲不合理之要求、或引起社中之疑慮、故優良之外交記者、當祇報告事實、盡其職責、而不問主筆者之登載與否也、

C　身體之健康

外交記者之活動、與醫生律師等同一階級、政治上社會上之事、故不知其何時發生、外交記者隨之而活動、有時不眠不食、亦不覺其苦、故外交記者之生活、每最不合於普通衛生之規則、凡預期成功而下盡職之決心者、必有健康之身體

方足以副之、否則身體影響於精神、成功即屬無望、外交記者而言衛生、可謂格格不能相入、蓋應餐應眠之時而有特別事故發生、外交記者不能不吐哺廢寢奔赴其職務、況勤勉與天才比較、勤勉尤爲必要、然則凡準備爲外交記者之人、少年時代即當注意於體育、練成極强固之身體、方可以供活動而耐勤苦、此爲未入社會以前之準備、固不僅外交記者爲然、一旦任繁重之職務、爲不規則之生活、乃屬外交記者所無可避免、但亦當時時注意、勿耗無益之精神、勿染戕害身體之嗜慾、我國汚濁之社會中、往往以嫖賭爲所謂應酬之要件、外交記者欲與各方周旋、似此種機會亦不能絕對不與、以愚經驗所得、覺此爲七八年前之事、現則世風稍變、嫖賭之社會中、不見有何重要材料可得、鄙意此類空氣汚濁之交際場所、最足使身心受害、日易損及職務之尊嚴、既無必要、總以勿入漩渦爲上策也、

三 外交記者之外觀的注意

外交記者之探得種種重要消息、須有相當資格與準備、既略如前章所述、而除學問道德人格之修養以外、尚有種種外觀的必須注意之點、蓋外交記者活動之第一關鍵在於交際、欲求交際手段之圓滿順利、自當注意於與交際有關係之種種外觀、茲分述之如下、

A 容貌態度

容貌之美醜、似屬於天然者、茲所言應注意之點、乃在整潔與高尚、使人一望而知為極正當之人、縱亦有天然的合宜與不合宜之分、然除生理上有缺陷者外、皆可由注意而使達於整潔高尚之必要程度、鬚髮冠履眼鏡之顏色……等等皆用一般紳士學者之普通形狀、既不可有過舊之怪狀、尤當力避紈絝子弟之佻撻氣習、

外交記者對人交際之態度、須和靄、莊嚴、機警、沉着、兼而有之、和靄令人可親、莊嚴令人愛敬而不輕視、機警令人知不可欺、沉着令人知爲勤懇篤實、對人毫無惡意、善於交際之外交記者、能因人而施、似有一種吸引力、無論老幼新舊階級之人、一次與之交談者、無不樂與爲友、且願得時常握手焉、

相當之禮貌、爲無論何種人交際上所不可缺、而外交記者尤當以謙恭禮讓接人、但所謂『相當』者、其適當之程度、極宜注意、蓋世人每有非常謙讓而人愈厭之者、謙恭不流於諂媚、莊嚴不流於傲慢、是在能體會而已、此事亦有關於經驗、

凡在大交際場中、聚世界名人於一堂之際、外交記者宜留意各人之態度而取法、其適當者、又如無此種機會、則電影亦每可注意、其中各國重要人物之舉止、皆可作爲交際之師資、如握手坐談之態度、皆宜使之適當、而毫無輕率遲滯局促不安之狀、

外交記者對於所訪談之人、其態度固如上之所述、本書第二章A項中、曾言外交記者無階級觀念、故即對於僕役亦和靄可親、且有相當之禮貌、此層與交際之圓滿順利、亦有緊要關係、惟有時遇倨傲之官僚、盛氣以凌人者、外交記者亦不抗不卑、而決不爲所讋、且因能和藹莊嚴、機警沉着、兼而有之之故、足使倨傲者爽然自失、奏最後之凱歌焉、

B 服裝

外交記者之服裝、亦以整潔高尚爲原則、過於不入時或過於奢靡者、其足令人生厭一也、樸素之服裝、易得一般人愛敬、亦當因人因地而施、見腐舊官僚而御華美之西服、見初歸國之青年外交家而着不合時流之布衣、使其心目中不適則同、易之則盡善矣、且凡早晚之正式宴會、或茶會演說會等、其服裝必如高級外交官嚴格合於禮節、故外交記者每備具有各種之服裝、遇性質特殊之人、亦

有隨時變易之必要惟此並非偵探化裝之意味化裝固有時用之然非普通所常有以原則言總求不失整潔高尙不用奇異色彩不用奇異格式使多數人樂與應接爲度

C 言語

凡形容最所厭惡之人每曰『面目可憎語言無味』此八字之考語在常人已屬不宜而外交記者爲尤忌倘不幸而有上述考語之半已足喪失其活動之資格矣故注意言語亦外交記者必要條件之一精通兩三國以上之言文固爲外交記者所應準備之資格而此節所謂當注意者則如發言之有秩序語音之極清晰官話之甚純熟皆爲必要反之語無倫次談吐重濁或雜以鄉音使人莫辨或期期口吃語尾特多與夫咳嗽涕唾無意識之强笑等等皆足引起對談者不快之感而減殺其談話之興趣外交記者不可不力矯之

又凡外交記者程度之高下、能達其採取新聞之目的與否、一在善於發問、使談者樂於解答、一在引起談興、隨處可以獵得重要消息、是皆與語言至有關係、外交記者不可不有特別之練習、而要以先去各種語病爲尤要耳、

四 外交記者之工具與雜藝

外交記者爲至繁複之職務、其腦筋無時休息、其耳目隨處警備、網羅世間一切事物而待其變動、尙有若干技術上之準備及所應設置之工具焉、

A 完備之日記簿

外交記者在與人談話之際、雖不便以紙筆當面記錄、然一出訪問者之門、即可以最難記憶之人名地名數字等簡單記錄於日記簿中、以免遺忘與錯誤、

更有一重要之事、凡與人約會、必須以何日何時何分記錄於日記簿、屆時務宜嚴守時間、不先不後、而踐約、又有若干豫定之事、如某月某日某處開會、世界某

名人某日到京、某要案某日開庭審判、皆當豫記而屆期前往、所謂「未來帳」也、

B　鉛筆時計之運用

外交記者與鉛筆、乃不可須臾離者、我國之毛筆、固不合於實用、即自來水筆亦有時發生障礙、緩不濟急、最便利者、自莫如鉛筆、

西人之服有硬袖者、每有時以鉛筆爲簡單記錄之處、又有一種用法、爲在外套囊中記錄一二要語、如以厚紙鉛筆豫藏於外套囊中、一手探囊而聽人談話、爲至平常之事、遇有難於記憶之點、可在囊中摸索而書一二字於厚紙、談話者絕不知之、此事平時須有相當之練習、當時則處之泰然、若行所無事者、

與外交記者最爲親密之小友、時計是也、凡遇重大之突發事件、必先出時計記其某時某分、又訪問新聞所常往之機關、平時必習知其離住所幾分鐘可達、則

有要事會晤時、能許人以幾分鐘、必到、此外一切豫約、皆須嚴守分刻、絲毫不爽、我國人缺乏時間之觀念、分析甚爲粗疏、殆至多言某點鐘而已、罕聞其有五分十分之運用、外交記者宜力提倡之

C 名人之略歷

外交記者所接觸之人物、必多爲當代知名之士、政治界學術界或實業金融界有重要關係者、在未與接觸之先、如略知其人之家世經歷事業、則與對談時自有種種方法、可以引起其興趣、且對於當代有關係之人、欲資爲各種消息之參証、亦須多知各人之來歷、蓋政治上社會上各種新現象、(即新聞)皆因人而發生、大半即爲各有關係人物之言動、故外交記者、必留意當代人物、因之凡各機關職員錄、官紳錄、名人傳等書、應搜羅靡遺、留作參考、(我國人自著者甚少、較佳者爲沃邱仲子所著之當代名人小傳、日人所著支那官紳錄、頗爲搜羅宏富、

事蹟亦尙翔實）以爲交際之準備焉、

D　汽車號數表

外交記者經過某要人之門前見門外汽車之雜陳者甚夥而不能入內探視、若有汽車號數對照表則記其汽車之號數可以知門內之爲何人因各人之性質地位可略測彼等聚集之爲何事且因是可得探索新聞之徑路、故此項對照表亦爲外交記者之所當備、（按警廳中有此項號數表）

E　寫眞器寫眞術

最近世界各大新聞皆喜多載寫眞以助閱者之興趣、如某人入閣、某某演說、某科學家有所發明、若於新聞中同時刊入寫眞片、則讀者興趣加倍、又如罷工、游行示威、開大會歡迎名人、火車肇禍、輪船沉沒多人慘死等事、若新聞而兼寫眞、則耳聞目見、讀者興致勃然、故外交記者探索新聞亦宜精於寫眞術、可携帶寫眞器、將影片與新聞稿同時送諸報社、又著名外交記者之辦事室中、必羅列當代中外名人之寫眞、遇其人有新事實發生時、即可提出刊印於報紙、亦平時準備材料之一種也、

F 化裝駛汽車乘自行車打電報

外交記者之職務、雖與業偵探者目的不同、且不以發個人陰私攻個人私德爲事、然有時身入虎穴、或與政界惡黨宣戰、必難免經多次之危險、又如充作僕役、執務於政治外交之秘密會議、皆所恒有之例、而因主張正義身觸文網、不得不易容以避惡魔之耳目、其事尤夥、故化裝之術、各國外交記者皆視爲普通之技能、

又新聞以敏捷爲要素、世界各大報社之外交記者、往往爲數分鐘之競爭、如先抵電局者、則電報可以先發、報社中即先收到、而早發號外、第一第二到者皆爲

陳迹矣、文明程度愈高者時間之分析愈細、所以有數分鐘之競爭也、此際欲達消息而駛汽車者或適他往普通人即無如之何、所以有能駕駛汽車自行車之必要、自打電報之效用、亦即在是、總之、外交記者須有一二種專門之知識、（因其分類而不同、說詳後章）而理想的外交記者、則多才多藝、對於無論何種學科皆有普通之常識、且兼備若干普通之技術、上所述者、僅就與其職務最有關係者言之、非謂限於此數者而止也、

g　同類新聞之剪拔

外交記者因分類而注意與其職務同類之新聞、備有可以粘附之簿記、每日將此類新聞選擇剪拔、編次目錄、以爲同類事項之參考、積久以後、必大有用、可以增益同類新聞之興味、如大水災大火災大政變……等等、紀述新事時、將舊事重提比較對照、或發見原因結果之所在、

五　訪問之類別與具體方法

外交記者之交際活動、其最重要之任務、爲訪問、(Interview) 蓋一切材料、大抵皆從訪問而來、則謂外交記者即以訪問爲任務、亦非過言、訪問既佔如是重要之地位、故本書有合中外情形加以具體指示之必要、依外國新聞學者（如美國米脂麗大學新聞科教授路詩氏）之分類、則訪問可分爲略式的 Informal（或補足的 Complemetary） 與正式的 Formal 兩大區別、所謂畧式的訪問、乃對於一種新消息要求被訪問者之証明補充、如某處有突發事件、（失火及火車出軌之類　先向警察探詢、注重者在事而不在被訪之警察、作爲新聞材料時、或僅敍其事而略其人、如從警察處詢知失火與火車出軌之情形、然載諸報紙、固非定須謂係某警察之所告也、凡報紙上無眞姓氏之談話、（如我國報紙中時見有所謂『某要人之談話』者） 或某案被害者家屬之談等等、皆屬此類、至正式的訪問、則以被訪問之人為主、其人之資格、已足以為報紙上之材料、如杜威羅素霞飛越飛等之來華、外交記者訪問之而請其發表對於我國之感想、及其來華之目的等等、揭載時即以其人為標題之主腦、此種正式的訪問、各國新聞學者之所傳、有謂始於倫敦泰晤士報巴黎特派員勃羅惠芝氏者、（見二章B節3項例二）是固未可必、但視訪問之方法不僅為採集材料之一種手段、而直作為獨立記事之目的者、乃始於法蘭西、而最盛行於美國、蓋美國人有樂受外交記者訪問之性習、故不期而正式的訪問之方法遂以盛行、後乃並及於英國焉、茲就我國社會情形、敘述訪問之具體方法如左。

A　介紹函

外交記者訪問朝野著名之人物、原不必皆有待於介紹、若係明瞭新聞記者之性質地位之人、對於外交記者之訪問、殆無拒絕會見之理、但我國則每有數種困難、欲排除之、惟有用介紹之方法、所謂數種困難者何？

1、舊式官僚多不認識新聞記者之地位、非視爲可厭、則疑爲可畏、且惟恐因發表談話新聞而惹事、或預料新聞記者將提出何等要求、依官僚派所奉爲金科玉律之所謂『多一事不如少一事』之原則、每易託辭拒絕而不見、（此項原因有半由新聞記者中不良分子之所自招者、宜澈底自省覺悟也、）

2、我國所謂要人之會見來賓、毫無秩序規則、其談話之時間尤不經濟、故每致來客擁擠、非大半拒絕不可、新聞記者自更應在拒絕之列

3、縱使破例接見、因兩方格格不入、彼先存一趕快『端茶送客』之心、則訪問必絲毫不得要領、且以雜有第一項之心理、每十問而九答以『不知道、沒聽說』五分鐘後、非興辭不可矣、

因有上述三項理由、託人介紹乃至爲必要、於此有先宜注意之四點、(一)介紹人必擇與彼有相當之個人的交誼者、(二)須承認爲個人朋友不純以新聞記者目之者、(三)以眞摯態度介紹記者之學問資望、(四)惟因渴慕欲聞大敎長談以外絕無所干、

上述二三四等項爲介紹函中不可缺之要素、而二四兩點尤爲必要、是爲訪問準備之第一步。

B　約見函

外交記者請人書得介紹函後、同時自撰一函將介紹函同行封入致諸被訪問者、請其約期會見、因書介紹函人與彼爲平等之友、則此函亦當不抗不卑以平等地位自處、對被訪者稱先生或其職名、己則稱弟、或僅署姓名、必須專送、不可郵遞、送到時令取號房之收條、或在家則試請其即覆、亦不必亟亟俟得覆函、如

日期較遠者、必切記勿忘、且先告以遵命前往、屆時於距所約十五分鐘以前到來函約會之所、告門者以受約而來之意、（或將原函携往）第一次之名片、以有職銜者爲宜、（職銜只用最要之一或二、不宜如時人之用十數行令人可厭可笑第二次後即可不用、）門者旣曰請、乃隨彼所指導之會客室而靜候、

C　忍耐與利用時間

外交記者依約前往訪問之際、如本書前章所述、必已稍知其人之略歷性格、（一介紹人處可略詢知之）於是應發問之題目可以多所預備、以造成多談新聞多取材料之機會、而臨機應變以出之、此際或來賓已滿、必俟順次挨及、須知靜候兩三小時乃極平常之事、萬不可躁急而表示不耐、或侮慢僕役、自失和藹莊嚴之度、亦有對門者略用手段、使之提前者、但此法宜愼、否則反致輕視、（如張志潭宅中之號房、絕對不收受來賓賞賜、頗爲特例）總以平心靜氣忍耐靜候、

爲要義、尙可利用時間使腦筋不覺寂寞、且發生種種興趣焉、

1、注意其建築及陳設之字畫寫眞書籍玩品、往來電話男女僕役之言動……以研究其人之嗜好知識、往來友朋、家庭生活以及鴉片賭博等事、但決不可翻閱函件、或竊窺竊聽、以免有損尊嚴、此爲與偵探行動相異之點、

2、如同座有來賓甚多、不妨擇其佼佼者略與攀談、知其來意、或反得意外的新聞之線索也、

D　會見之成績與再見

見面以後、第一須注意測量其對我歡迎之程度、同時又測量此刻彼之忙碌之程度、以作全盤坐談若干分刻、有幾件事可以發問之打算、兩方之寒暄既竟、若被訪者爲非甚舊之人、且禮意頗爲優渥、而事務又料不甚忙、則記者可出時計而問其『現在不甚忙碌否？』隨即自定爲『我們談三十分鐘好麼？』主

人非眞有特別事故、其勢不能拒、則三十分之時間的領域、已先被吾人佔據、繼又泰然與談他事、由近而遠、由小而大、似絕無探聽新聞之意、且凡事不持異議、不示意見、皆作首肯之態度、俾得盡言、吾人胸中自有經緯、取舍井然、雙目烱烱、注視其面、以察所言之誠僞、以表高尙之敬意、縱知其誤、當時絕不說破之、其欲言不言半吞半吐之語、尤當加以注意、或即擒住問之、勿令逃逸、以觀察力推理力聯想力並用、未有不明若觀火者、其說尙待詳於後章、茲更以具體的應注意之點、列舉如下、

1、最忌之發問　外交記者訪問之目的、固在欲得新聞、但應在種種談話中獵取得之、見面時最忌之愚蠢的發問、爲『有何新聞否乎？』無異給談話者以一大警告、謂『爾不可妄言、我乃圖取新聞來也、』此時談話者必答曰『沒有什麽新聞』、立加警戒、從此緘口不言矣、此大違於訪問之目的者也、

2、不可用紙筆抄錄　最有關係之秘密消息每閒談中無心出之、在談者或未因新聞記者在前而特加戒備也、若遇幼稚之記者無聽言記憶之能力、突出紙筆以從事抄錄、是無異警告談話者曰『現在爾所云云明日皆在報紙上披露也』談話者一得此種警告、或即中止不復續談、至少亦必立減其眞實性與秘密性之價値、矯蹂造作而後出之、以免除其自身洩漏機密之責任、故優良之外交記者、聽到重要處、心中十分注意、而外形毫不驚詑、惟泰然首肯、使人敢於盡量發表、及至握手道別、離去訪問者之門、始如飛而奔赴電局、以可信之各種重要消息致電於報館矣、彼不知新聞之價値者、談話終了、尙不明何處爲有價値之新聞、或尙須再問其人以有何新聞否？則學識經驗之有若天淵故也、

3、再談之豫約　託人介紹、以與重要人物談話、非至易事也、一次所談之結果、未必即達多大之目的、以後之活動、是在乎自己之手段矣、以愚所常用之

方法則以甲介紹乙、而乙又可以介紹丙、以至丁戊己……、焉且既經友人介紹、第一次面談以後、當臨別時、每豫約再談之期、或預定每星期談話幾次、或彼自身以外又指定左右親信兩三人、或要求以後必親自接受愚之電話、是皆每爲第一次會見之成績、如是者多一人即多開一條新聞之路、每星期循環訪問、各人僅接談一二次、又不覺其厭煩、而活動則可以自在而無阻矣、

六　訪問時之種種心得

外交記者最重要之任務、既爲訪問、其應注意之點、前章已略述之、茲再以各國新聞學者之著書中關於訪問時種種心得之談、爲述大要、皆外交記者於訪問時不可不知之事也、

A　對相手方之研究

外交記者對於訪問之人、固希望談話結果之非常圓滿、則其人與各方之關係、

不可不略知之、否則談話中即易發生齟齬不快之感、致訪問之失敗、故相手方之研究爲必要、事舉具體之例如下、

1、政治家　無論其爲本國人或他國人、第一當先略知彼人平素政治上之主張、第二當知其所屬之黨派、第三當知其近來有何活動、第四當知其已往之履歷、第五當知其黨內之地位、第六當知其與各當道之關係、

2、實業家　亦無論其爲本國人或外國人、第一知其已往現在所經營之事業、第二知其對於現在未來經營之計畫、第三知其在實業界之地位與系統（各國實業界亦有系統如政黨然惟非如政黨之有黨綱耳、）第四如係外國人則當知其投資於我國何處、

3、學者　第一當知其所專究之學科、第二當知其學派中所崇信之派別、第三當知其有何重要著作、第四當對於彼之學說稍有門徑、

B　談話時之擒縱

外交記者之訪問最希望其人之健談、但具體之問題、外交記者不可不豫行設定、至談話時乃用擒縱之方法、世亦有滔滔不絕而其中一無所有者、亦有問十語而答一語始終不得要領者、外交記者何以須知其人之黨派經歷地位、蓋可以爲擒縱之用、當其談話奔放時、則設法擒之、若其沉默、則設法縱之、如略提其生平得意之事、如以彼反對之人挑之、或反面質問、令其自證（如欲探內閣之改組與否、試問以「內閣殆決不改組乎？」看其如何答覆、餘可類推）或旁面質問使之不覺、殆與審判官之方法無異、如係不正之人則即以設定之問題一一提出亦可、總之訪問時質問爲最重要之部分、同是訪問一人善問者與不善問者較則其所得之結果必有天淵之別

但質問之應注意者、有直接疑問Direct Question與間接疑問Indirect Question兩

者、須相機用之、所謂直接疑問者、『是』或『否』或『是歟』『非歟』即可答完者、故不宜用、且每失禮、如問『滬議員八月十日開會乎、』則彼答以是或非一字可了、不如問『何月開會乎』彼不能以一字答也故除只問是否者外不宜多用直疑問、

C　利用反對黨

各國之外交記者、非盡無黨籍、若在我國現在政治上之情形、則外交記者以無色彩爲宜、無色彩者之活動、可以爲各方所重視、即可利用反對黨以互知各派之秘密、故對於國民黨詢共和黨之所爲者、（此數年前事）必皆和盤托出、反之亦然、惟又須知反對黨所宣傳者半爲不實、則又當從他方面證之、否則即爲一方所利用矣、

D　注視相手方之面

外交記者對訪問之人談話時、必時時注視相手方之面目、其理由、一則所以表敬意、世有對人談話而目視他處者、實至不敬之舉動也、二則可以知所言之誠僞、凡當面談話之誠僞、與書面所述之誠僞、必在談話時爲易辨、所謂「察言觀色」善鑒別者自不能逃其耳目、三則可以知相手方對我之意嚮、如其人已倦於談話、或有他事縈於心中、或對我已有不快之感、外交記者注視而卽知、應立圖補救之策、

E　談話以外之材料及意外綫索

外交記者之對人談話、非僅其所談者爲可以作材料也、尚有談話以外之材料、爲外交記者所當注意、如前章所述利用靜候時間之觀察、固亦爲材料之一部份、又如被訪問者之狀態、癖性等、皆可於談話時留意及之、

更有一種意外之綫索、爲留心之外交記者所常遇、如前所述愚在國務院中聞

段總理將赴美國使館之電話、又有與某甲無心閒談、而得關於某乙之重要事故者、(例一)此時有兩點須注意(一)不可即示驚詫而對之窮追其所以然否則彼將覺悟而後悔、或即要求「頃所言者、我不應洩漏、請勿披露於報紙」則等於未聞矣(二)不可立即告辭如聞一語覺爲重要而卽起立告別、則其人又將覺悟而爲上述之要求、是仍不能作爲新聞之材料也、故必聞之泰然若未聞者、使其人不覺無所約束、翌日披露於報紙、彼固不能責我也、

例一　倫敦泰晤士報之記者約翰狄龍氏 John Delane 與醫生黎卡德、關因氏 Sir Richard Quain 閒談、藉知英國之諾斯勃羅克卿 Lord Northbrook 將赴印度總督之任、因印度氣候甚熱、又與眷屬同行、請該醫生與俱、醫生因卿之見訪頗爲得意、故無心出之、此時該記者聞而不以爲意、更閒談他事、漸與別去、第二日之泰晤士報以大字登載諾斯勃羅克卿不日卽赴印度總督之任、朝廷爲之一驚、蓋事初決定、非常祕密、惟首相與卿知之耳、

七　外交記者之分類

人類文明愈進步、則事業愈見其繁複、於是不得不行分業之法、不僅工場製造有賴於分業、如學術、如政治、皆以分業日趨於精細、新聞事業亦然、各國之大新聞社、內部分科組織、階級繁複、而井井有條、我國則新聞事業尚在極幼稚時代、即如上海所稱全國最大之報館、然內部亦尚嫌其過簡、因資本薄弱、至多不過百萬、而日本之大報社、則資本已達三百萬以上、且年年增加、進步未已、雖未足與歐美爭雄、然我國視之、則大有愧色矣、故兩年前愚因京報被封身遭通緝、息影於滬瀆、日本可稱全國最大之朝日新聞、（與每日新聞並駕、猶我國之申報與新聞報）聘愚充關於中國問題之顧問、在該社半年、察其規模之宏大、與其辦事之認眞敏捷、竊歎日本國勢之盛、蓋有由也、世界新聞事業、旣亦行分業之法、新聞學者亦如經濟學之以生產分配消費喻之、外交記者爲生產方面之採集材料部分、故位置非常重要、而因依材料性質以行分業之故、外交記者遂有種種類別、在我國雖尚未至其時、然不能不望其進步、且喜已有其端倪、如何可以達改進之目的、大半乃吾人之責任也、

A　外交記者之兩大別

外交記者從材料之性質上有種種分類、如政治部經濟部社會部……等、每部之中又分爲若干門、皆有專任之記者、此與編輯部之分科成不紊之系統者也、茲先從職務之形式上爲常務外交 Run 與特務外交 Assignment 兩大區別、此種區別我國新聞界中亦已有其雛形、如愚之歷任上海申報新申報時事新報等、北京特派員專司北京方面所發生之種種消息、不問新聞之性質如何、凡關於北京所發生者皆須負迅速報告之責任、其事較難、而酬報亦厚、是即所謂常務外交、亦有訂定專司某項新聞者、(如關於教育或國會消息)更有專因某案而

派人前往者（如派赴臨城探告刦案消息）是即所謂特務外交、試具體說明兩種職務應注意之點、

1、常務外交記者　常務外交記者專司一地方或一機關所發生之新聞、若有重要消息先爲他報所披露、則對本社即須負其責任、故負此項任務者、惟有日夜注意不怠時時加以警戒、以保持發揚報社及自身對於報社之名譽價值、而平時尤須有種種準備焉、

第一　自己所擔任之區域內、須聯絡多數之知友、自該地之最高官吏、立法行政司法各機關人員、名流紳商、學者政客、下至輿夫走卒號房僕役、皆須於可能的範圍內與結相當之好感、則遇有事故發生、必易得最早之報告、故外交記者之交際費、每佔其費用之大部分、

第二　富於自己所擔任區域內之各種知識、譬如在北京、則京城之交通風

俗、教育、政治上、軍事上、各派勢力之關係、金融商業之盛衰現狀等、皆須加以研究、既富於該地之各種知識、則新消息發生時、自易判斷其因果及眞僞、

第三 常務記者所往來之機關、例如就北京言、(一)總統府國務院各部及其附屬機關、(二)警察廳步軍統領、衛戍司令部市政公所(三)大理院各級審檢廳監獄(四)參衆兩院及各政派之俱樂部(五)銀行公會中交金城鹽業匯豐正金道勝匯理等銀行平市官錢局總商會(六)北大師大法大女大…等學校及協和中央法德…等醫院(七)平安眞光開明等劇場中央公園(八)東交民巷各國公使館(九)各國大報館之駐京特派員(一十)駐在近畿之軍隊(十一)八大胡同有勢力之名妓(此項現已消滅)

2、特務外交記者 關於突然發生之重大問題、由編輯局長發出臨時命

令、專就此事件調查其遠因近因、現有之結果及繼續發見之新事實、例如臨城刼車之案、即有派特務記者前往之必要、又如直奉戰爭在津浦京奉兩線區域發生衝突、應派有軍事知識之記者前往報告消息、更有一事而涉及許多方面者、先由政治部出動、繼則社會部、繼則經濟部、往往在數萬里以外之問題、一電傳出、世界各國之新聞記者同時活動、例(一)恰如動脈一躍、影響全體、歐戰之役、初發生於一隅、漸次蔓延、各國新聞記者皆因是非常忙碌、可見新聞事業與世界之關係、特務記者應注意之點如左

第一　對於編輯局長之命令不必爲瑣細之質問、凡遇突發事件、編輯局長下一簡單之命令、派何人前往調查、此時如何前往、如何活動、外交記者胸中已有成竹、立卽出發、命令簡單、則活動範圍愈大也

第二　有排萬難而不知勞苦之毅力、特務記者一接命令、與軍隊中之受出

陣命令無異、希望早一分一秒能達其探悉眞情之任務、有排萬難不知勞苦之氣概、此際將自身之衞生娛樂一切置諸度外、而惟以不辱使命爲第一要義、如是者必能奏最大之成功、

第三　就教於同業及特別介紹、特務外交記者出發之時、就其使命之性質、可請教於同業之先輩、而知各項須加注意之點、或携特別介紹書以期活動之便利、例如赴奉直戰爭區域爲從軍記者、若有致吳佩孚或張作霖之介紹書、證明記者之不偏不倚、惟以報告眞確消息爲天職、則自易得其禮遇而活動更爲便利也、

例一◉因一種新聞而涉及各部外交記者之活動、當以柏林東京所發生之麗透事件爲最著、此案突發於日本大正三年一月、（即民國三年）發展又發展、竟致內閣之辭職、其範圍擴大、與各部外交記者均有關係、試略述其發展之順序、

△一日二十二日自德國柏林一電達於日本東京謂東京之西門子會社舊夥麗透氏竊取該會社之重要文件逃至柏林受裁判所之判決此項文件之中有行賄於日本官吏大員之經過事實及受賄者之名此電乃二十二日傍晚達於東京各大新聞社立時活動一方外交部長派出多數外交記者四出調查一方外報部急電柏林倫敦兩處促特派員從速調查詳報適是夜德國大使館開音樂會各外交記者皆活動於德大使館而社會部則派人赴西門子會社調查政治部又派人叩海軍當局之意見

△一月二十三日此事件衆議院議員島田三郎氏提出嚴重之質問請齋藤海軍大臣答覆政治部之關係益重議會外交記者大活動路透社之詳電亦到露出藤井少將及井出少將兩人之名

△一月二十四日衆議院增田義一島田三郎更質問山本總理大臣原內務大臣出而答辯島田氏之質問中初顯出普萊氏之名普萊氏者為路透電社之東京通信員嘗從麗透氏處收買重要之文件以此恐嚇日本海軍當局及西門子會社由該會社之經理海爾曼氏賂以多數之金錢社會部與政治部外交記者益大活動倫敦方面關於此案判決之詳情電報亦到

△一月二十九日衆議院花井卓藏菊池武德島田三郎高木益太郎尾崎行雄等議員再質問有幾關之演說（議）齋藤海相山本首相爲否認之答辯（議）普萊氏始被裁判所拘傳（社）海軍方面知此事之不易了特設海軍查問委員會（政）

△一月三十日柏林來電述判決文之大要普萊氏收監（社）路透社將普萊氏東京通信員解職代之以國際通信社之凱乃迪氏（外）

△一月三十一日普萊氏夫人圖謀自殺（社）海軍查問命將藤井岩崎兩少將喚問（社政）

△二月二日衆議院之預算第四分科會中有島田三郎與齋藤海相之問答（議）此時山本內閣辭職之風說漸盛（政）

△二月三日西門子會社經理海爾曼氏收監（社）

△二月五日衆議院人見米次郎演說述藤井少將暴露之始末（議社）攻擊政府之論漸盛（社）

△二月六日相傳爲西門子會社行賄之社員吉田收吉氏被收監（社）

△二月十日衆議院有彈劾內閣之案（議）日比谷公園開國民大會攻擊政府黨之新聞社軍隊出

動部下大騷、（社政）

△二月十一日大阪市有彈劾政府之市民大會、（地方）（社政）

△二月十二日衆院議預算案反對政府之民黨議員無一人投票、（經財議）國民大會中之暴動者二百餘名被檢舉、攻擊警視廳之聲漸高、（社政）

△二月十四日衆議院因營業稅法案大騷亂、（政社）開廢稅主義之國民大會、（社經政）

△二月十五日藤井少將逮捕、（社政）

△二月十六日貴族院亦奮起、（議）海軍大佐太田三次郎免官、（社政）

△二月十七日藤井少將免職、衆議院討論廢稅問題、（財經議社）

△二月十八日松本和村上格一之兩海軍中將家庭搜索、（社）藤井少將澤崎大佐交軍法會議、（政社）

△二月十九日關聯於海軍收賄問題、有德山煉炭所室蘭製鋼所之醜事傳出、山內萬壽治之收賄問題發覺、（社）

△二月二十六日衆議院提出彈劾原內務大臣案、貴族院質問原內相、（議◎）

△三月三日海軍造兵中監鈴木周二免職拘禁、（社◎）

△三月七日海軍造船總監松尾鶴太郎傳問、（時在三井洋行執務）此事從西門子而傳染於三井、（經◎社◎）

△三月九日貴族院對於海軍費減削案通過、（議◎）（財◎）

△三月十三日三井物產會社之岩原謙三氏拘引、（社◎經◎）

△三月十七日西門子會社之吉田收吉氏在監中自殺、（社◎）英國議會因晉萊氏提起質問、（外◎）

△三月十九日預算案不成立因兩院關於預算案之協議會無結果、（議◎財◎）

△三月二十二日帝國議會停會、（政◎議◎）

△三月二十四日內閣總辭職、（政◎）

觀於上所略述、可謂涉及各方面之鉅案、新聞社遂因此非常忙碌、因多數外交記者之努力、將事件之內容逐漸披露、終至政府方面站脚不住、非出於總辭職不可、乃最有興味之一大新聞也、

B 依新聞性質而分類

各國新聞社中之有外交部、與國家之外交部相似、而外交記者、則如國家駐外之大使專使公使領事、故在外活動時、皆居代表本社之地位、則其一言一動當自覺而勿貽本社以不名譽之譏、且外交記者須有無論派往何處皆能盡職之資格、亦如駐法大使可以調往英俄德美、不能謂一生只限於法國也、

世界新聞事業之趨勢、基於『以新聞(News)為本位』之原則、故外交記者之地位有蒸蒸日上之勢、雖各國之程度不同、而進步之趨勢則一、例如我國之新聞事業、即在今日亦不能不稱為幼稚、然在四十年前之『申報』、其中只有文章詩詞或小說等類、新聞不過一二、最不相干之趣事、蓋重文辭而未重紐斯之時代也、然嗣後逐漸改進以至於今日、其所謂改進之過程、特在紐斯材料之漸增而已、換言之、新聞進步與否之標準、惟視紐斯增加與否以為斷、今日上海北

京各大報社、其進步之程度所以異於曩年者、亦因紐斯之量已比曩年為增加、此我國新聞界趨勢之可考者、而在美國最進步最發達之大新聞社、近年更循以紐斯為本位之原則而日進不休、日本之大新聞社、則模仿美國為多、自亦以同一原則為其進步之趨勢、英法等國、胥莫能外、由是言之、世界無論何國之新聞、即幼稚如我國、發達如歐美、實皆同一漸以紐斯為本位之原則、外交記者、以紐斯之發見採集為任務者也、故依世界新聞內容之趨勢、言外交記者之地位、必日見其重要、美國新聞社中之外交部長、已居編輯局長之次位、他國亦漸次注重、蓋進步之潮流使之然也、

1、政治部與社會部　外交記者依新聞之性質而分類之兩大系統、為政治部與社會部、因各國新聞社中編輯方面之組織、最高者為主筆、（兼社長、亦有社長下另設主筆者、社長對外為全社代表、主筆則在編輯方面地位為最高

也）其次有編輯局長、指揮編輯方面全部人員、自當實際整理紙面之任、局長之下有部長、則分政治部、經濟部、社會部、地方通信部、外報部、而美國之大新聞、則每有兩人輔助編輯局長、指揮各外交記者、是即外交部長、上述所謂位於局長之次者也、各國新聞社之分部、雖大抵如上述、而權限及分部之詳略、則各有不同、視其新聞之注重於某方面、於是某部長遂有至大之權力、（如特別注重經濟者、經濟部長之權、遂甚大焉）殆亦有由新聞社之歷史上來者、又如不注重外報部、則外報部每附屬於政治部、不注重地方通信部、則該部每附屬於社會部、故政治部與社會部、乃新聞性質之兩大統系、日本兩者之區別井然、而歐美近反漸趨於合一、則因社會問題日與政治接觸、漸有不可分離之勢、例如勞動問題、一面爲社會問題、而因勞動界有握政權之運動、（如普選及職業代表爲代議士之新運動）則又成爲政治上之大問題、故日本兩者之區別、現似甚

嚴然將不能永劃其界線矣、

2、政治部外交記者　政治部外交記者、乃從事於內政外交財政軍事……等新聞材料之採集、受政治部長或政治部外交部長之指揮命令而活動其中又分三種以相互完成其職務、

一、各政治機關之常務外交(Runs)記者、

二、訪問外交(Interview)記者、

三、特務外交(Assignments)記者、(游擊隊

右之第一種常往來各政治機關、(如府院各部)採集印刷品報告類、雖非關如何重大秘密、而係新出之材料、為應有之新聞、　第二種訪問各方重要人物、已詳見第五章、　第三種為精銳之奇兵、往來游擊、有衝鋒陷陣之能力、其職務皆係受特別使命而時有變更、第一種每以夜間通學於私立大學學生充之、程度

較淺、第二種已須富於學識之人、第三種乃即久有經驗之第二種人物、且兩者每難分別、惟時間程度之有差耳、

尚有議會記者、只在議會開會期內活動、負關於議會記事等、或臨時依事之難易、在上述三類中選擇之、

政黨記者負關於政黨方面之記事、其形式有似本節前述之第一種、但亦每涉及第二第三種、殆謂於前述三種之外佔一獨立之地位亦可、

在財政經濟部不獨立之新聞社、關於財政經濟之新聞、自然屬於政治部、

又教育記者為政治部中之一門、然涉及社會方面、各國仍屬之於政治部焉、

3、政治部外交之活動機關　日本東京各報社、政治部之外交記者、每一人而管轄兩三機關、即為此兩三機關之常務外交記者、依地理交通、或人物經濟之便利而分配、然一旦有事而某機關忽成為問題之中心時、則常務記者之

外又加派前節所述之第一第二兩種、各社競爭、對於某機關包圍攻擊、惟恐秘密材料先為他社所得也、

政治部新聞之來源、為外交記者所應時常光臨之地、（一）國務院總統府、（二）外交部、（三）內務部、（四）國會及各政黨本部、（五）海陸軍部、（六）交通部、（七）參陸辦公處、（八）司法部、（九）教育部、（十）各國公使館、（十一）平政院、（十二）以上各部之重要駢枝機關、（十三）其最要者為總理以下各部總長之私宅、與夫政治背後各要人之私宅、

財政經濟部之獨立與否、各社不同、在歐美則多獨立、而日本僅有少數之大新聞社、中國僅有上海新聞報、北京京報晨報另闢經濟二版或一版、（北京以京報最早、創辦有「經濟新刊」兩版、亦另聘財政經濟之外交記者、編輯部中與政治問題分離、晨報一版、其材料亦極有精采）我國報紙之注重經濟新聞、為年

餘以來之新趨勢也、（日本有財政記者、大藏記者、日銀記者等名稱）財政經濟之不獨立者自皆附屬於政治部其外交記者活動之機關、（一）財政部（鹽務署烟酒公賣局崇文門稅關）（二）審計院（三）農商部、（四）幣制局、（五）各種財政委員會、（六）銀行公會、（七）京師商務總會、（八）內外各大銀行、（九）平市官錢局、（十）各種實業公司交易所信託公司若係財政經濟與政治分離獨立之社則以上諸機關皆爲財政經濟之外交記者所活動之場所也、

4. 責任特重之議會記者　政治部可稱最忙之時無論歐美日本皆爲議會開會之期間、我國則因國會未固十二年來一法無成、即在開會之時、亦不見有何轟轟烈烈之事足紀故各國當國會開會則犧牲一切次要新聞、滿載國會之紀事、院內情狀、幾無一不披露於國民之前、且每以簡筆繪當時重要議員發言之態度、惟妙惟肖、誠外交記者之絕技也、夫所需材料既如是其夥則自非一

一、人之耳目所能鉅細靡遺、不但記當塲之『裸的事實』（Bare fact）更須探悉各派之內情、預測問題擴大之程度、極繁瑣之案件、則隨筆加以適當之剪裁、故此際之外交記者、實居政治舞台之中心、其責任非常重大、處國會與政府之間、對於雙方皆宜盡糾察指導之任、外交記者視爲無比之重負、又實無上之光榮、而非學識淵深經驗弘富者則難望被派也、

政治部長及政治部外交部長之選派議會記者、非常愼重、爲從平時常務特務記者之中、擇其尤者、往往上院三人、下院五人、使之發揮其手腕、議會記者之要點、於普通外交記者之知識手段以外、對於國會政府兩方之人物、宜一見而能立識其面、舉其名、且明乎各派政黨變遷之歷史、及其現在之黨略、將來之趨勢、然後可以勝任愉快、不辱政治部長外交部長之命、而全社之聲望、新聞之權威、亦得賴以增進、噫、若以此種情形衡諸我國新聞界、豈可說哉、豈忍說哉、

5、**特殊性質之政黨記者**　政黨記者非如議會記者之臨時性質、蓋常被重用者、政黨之機關新聞、每優遇其所屬政黨本部之常務記者、但反對黨本部之常務記者亦愛用焉、

揆諸憲政之本義、將來之政治、必政黨內閣掌之、政黨乃內閣之淵源也、是故雖爲中立之新聞、亦認探知政黨消息、乃最屬重要者、

政黨記者、不僅以蒐集一黨表面之報告爲務、彼與一黨之領袖及幹部人物、每互爲私的交際、苟有關於一黨之機密發生、則彼於可能的範圍以內、當較他人所知者爲多、既須博政黨之信用、且其所受信用之程度、至少當在政黨中之一幹部以上、欲任政黨記者、蓋亦難矣、

政黨中每有種種機密、凡在黨員、皆不喜其漏洩、故每選自黨之人爲政黨記者、所以防洩漏機密也、然亦有選反對黨員充之者、如日本政友會之機關新聞、竟

以反對黨同志會之黨員爲本黨記者、此則可謂爲例外、未能一概論矣、政黨記者雖有特殊之地位、然其責任則與普通外交記者同、不宜自忘其職務、苟身爲記者、當國會改選之時、受託而爲運動選舉之演說、或因與一黨關係密切之故、以黨義爲第一、而新聞之職務反視爲第二、乃非常錯誤者、不可不力戒也、

6、社會新聞之變遷　十餘年前、報紙中社會新聞之地位、並不視爲重要、不能與政治外交財政並列、（我國則可謂現在尙如是也）選載之方法、亦極爲幼稚、僅報告殺人盜强案等事實、無人作爲重大問題而加以研究者、故彼時關於社會新聞之外交記者、每名之爲「探訪」、而不認其有高等之地位、彼輩耳有所聞、目有所見、則口述於報社之編輯員、殆以不能執筆爲文之人居多數、其無觀察事物之智識學問、自不待言、

近年以來則不然、政治以外之社會新聞、其價值與政治外交等新聞並重、有時。且超越而上之、曩時之「探訪」人才亦淘汰殆盡、（我國則相差尙遠、試觀各處報紙之本地社會新聞、即可見其幼稚、恐尙不逮歐美日本十年前之情形也、）凡各國大新聞社、既專設社會部、而社會新聞之外交記者、多爲研究社會學確有心得之人、知社會中之事物、無論其形體雖小、而皆有複雜之內容、欲闡明其因果、每涉及各種學科、且與人生之關係、或較諸政治外交尤爲密切、自各國中社會問題發生、更覺其與政治問題日益接近、有不可分離之勢、故因最近社會新聞範圍之擴張、苟欲充社會新聞之外交記者而勝任愉快、必其平時對於政治對於經濟皆研究而有興味、然後可了解人生問題、對於社會中發生之事件加以甚深之觀察、而發見其隱秘、以攻破社會之黑暗、主張多數平民之福利、故欲知一國社會程度之高下、觀其報紙所載社會新聞之意嚮、即可洞察其大概、

(7)我國新聞界之最大缺憾　報紙與社會之進步、互爲因果者也、我國新聞界之最大缺憾、即苦無外交記者之人才、尤苦無社會新聞外交記者之人才、各報社之不知有所謂社會部固無論矣、所載之本地的社會新聞、其幼稚而無意味、殆不可以嚮邇、所徵稿件、大抵皆一般最無意識者之所爲、每條新聞、零星酬以一角或銅元數枚、社中之編輯社會新聞者、其地位亦似居於編輯記者之末席、(年來惟最少數革新的報紙則異是)欲加以改進、事實上亦極不易、愚嘗試之而屢失敗、蓋我國新聞界中外交記者之人才、在總數量上計算、本已甚嫌其缺少、而社會新聞之外交記者尤特感缺少、且直可謂爲無有、其原因則(一)各報社向來不重視社會新聞、無優厚之酬報、(二)採集社會新聞之材料、有時比政治新聞爲難、(三)自命新聞記者之人、不屑深入社會之下層、虛榮心理與怠惰習慣、仍視採集社會新聞爲新聞界中低級之職務、(四)可令居此職務之人既苦無各種學問、尤苦無新聞學之知識、所探集者每不能得問題之要領、愚著此書之最大目的即在彌補上述之缺憾故暫不及於新聞學之全體、僅說明採集材料之一部分、欲使此種知識、普及於一般有志新聞記者之士、勿貪所謂「大主筆」之虛譽羣從事於外交記者之一途且勿徒注重於政治方面、而社會新聞尤須有堅苦卓絕之人負其重任、庶可提高全國新聞界之程度以促其進步、

各國新聞學者、主張「外交記者無所謂大小其價值皆同」故等於駐外大使之著名大外交記者、與在一窮鄉僻壤之小外交記者雖職務範圍有異、其性質並無差別、苟爲不斷之努力與修練、則初爲一小地方之通信員者、終乃漸躋於最高之地位且新聞紙全部之構成決非僅恃大外交記者之一紙電報或一篇通信、必色色俱備然後可稱爲完備之報紙、然則社會小新聞者、固亦構成報紙

之必要的材料、苟無相當之人才負此責任、欲求報紙之完美也難矣、

8、社會部外交記者　政治新聞、與社會新聞、特方面之不同、其價值並無差異、若擴充社會之義意言之、則政治亦社會中所具現象之一、社會可以包括政治、政治不能包括社會、可見範圍之孰大孰小、故推測人羣進化之趨勢、將來殆只有社會問題而無所謂政治問題、社會新聞之範圍既如此其博、故社會部外交記者之活動、其方面較諸政治爲多、政治部中可分業爲財政外交內務經濟……等等、社會部中亦有種種分類、試先述其活動之塲所、以日本學者所著書中指示之地點、依其性質易爲北京所有之機關、俾學者更易於了解焉、社會部與政治部所活動之機關有時爲同一、但所取材料則各自有別、社會部活動之機關如左。

A 前清皇室及旗人生活、　現在北京之前淸皇室及旗人生活、爲京師之

一重大的社會問題、皇室中親屬、在前清時擅作威福者、現在殆皆處於困境、而旗人之多數失業、流於乞丐及以拉洋車維持生命者、已成北京難決之問題、又如前次太監之放逐、與夫皇宮失火、寶器被竊、玉佛失踪等事、皆社會新聞中具有足資研究之價值者、

B　**警察廳**　犯罪者之拘捕、自殺、暴卒、傳染病、公衆衛生、密賣淫、烟賭、各種團體之立案、洋車及洋車夫之近狀、汽車之增加、失火等突發事件……

C　**市政公所**　凡政治部以外之新聞、如馬路、橋梁、水道、公園、電車、電燈、有關市政之新計畫、新設備、皆可作爲新聞之材料、

D　**鐵路局車站**　凡火車出軌、衝突、顛覆、轢死、不通或開通、乘客之增減、團體之往來、車中之談話、要人之行踪等、

E　**審檢廳**　民事刑事之訴訟、審問之答辯、判決、名人之被傳、特別有關社

會之案件、（如劉廉彬女士在無錫之慘死爲社會上之大問題、）

F　看守所監獄　內中之設備、（衛生等）待遇、感化工作、要案被告收監之狀態、死刑之執行、

G　憲兵營　關於兵士之風紀、及警廳所不能得之材料……

H　消防隊　失火放火救護等、關於預防火災之設備、

I　圖書館　凡閱書之人的種類與書的種類、及借書種類之傾嚮、可藉以測知社會思想之變遷、文化之進退、又其本館之設備、某類書籍之增加、均爲可研究之問題、

J　觀測所　天氣之豫報、暴風雨之戒備、氣壓高低之現狀、

K　動植物園各種陳列所　動植物之新移入、或死亡減少、陳列所參觀之人數比較

L 濟良所　人數之增減、入所者之狀況、所內之待遇、出所之狀況、黑暗之情形、

M 孤兒院育嬰堂　孤兒之生活教育、嬰兒之種類（貧苦或私生兒）出入之數、經費、黑暗情形

N 各業工塲　此項在社會中極關重要、凡鑛中之黑暗、其他工塲之待遇、工資、時間、工頭制度、徒弟生活、工人團體（教育訓練）罷工醞釀等……爲社會記者所當特別注意、

O 娼妓　娼妓之生活、貌似快樂、實際不啻處黑暗地獄之中、北京之二三等茶室下處、尤多非人類之待遇、被逼虐待自殺他殺者、時有所聞、社會中最可怖之境域也、

P 貧民窟　我國下層社會之生活、日困一日、衣食不繼、一家之衆、有僅有

一衣者貧民太多、爲社會之病、故貧民窟中乃社會記者所當特加注意、

Q各旅館遊戲場俱樂部　皆最易發生社會新聞之地、

僅以上述十餘種場所而言、已可見社會部外交記者應注意活動方面之多且如選舉運動之日、各種因運動選舉而發生之社會新聞、一方面爲社會、一方面即爲政治、故歐美新聞界之趨勢、已見政治部與社會部之由分而合、惟日本則兩者仍劃然區分、我國乃分與合兩者皆尙談不到而已、

Q專門性質之社會部外交記者　社會部外交記者之中、亦有如政治部之議會記者政黨記者、屬於專門性質、且成特殊地位之外交人才、爲試舉數種如下、

A相撲　大力士之角力、日本則每年春秋二度行之、其舉國若狂、亦如議會開會之日、各報社會新聞中、佔極大之篇幅、細載某力士與某力士之

勝負且寫眞銅版等皆各競爭美備其中亦有黨派、社會間視爲極重大之問題、此項外交記者、對於相撲須有專門之知識、故新聞中每多專門名詞、非普通記者所能活動、

B 運動。如遠東運動大會、各國皆派選手、爲競走、球戰、等等運動、各國皆甚注意、每日以運動勝負之結果、專電報告、此亦須有專門之知識、

C 戲劇。戲劇之批評記載、爲一般社會所注意、然非專門人才難期批評記載之正確、此外如游藝會跳舞等亦類此、

D 音樂。音樂美術等、爲報紙材料之一部、分各國報社有以之屬於文藝部者、亦有另設趣味部者、要之爲社會部之一分支、而非專門人才不足以語此、

E 飛行。飛行事業之爲社會所注意、乃近代之事、有郵政與軍事之不同、

記載飛行之新聞、對於飛機須有專門知識、對於軍事、亦應有普通常識、故屬於專門之一種、

以上爲社會新聞之有特殊性質者、在社會部中自成一蹊徑者也、

10、經濟部中之社會新聞　財政經濟與政治社會均有重大之關係、或特設一部、或附屬於政治、而近年以來經濟問題範圍之擴大、幾駕政治問題而上之、且經濟部有完全應屬於社會、亦自成特殊之地位者、即『商情』是也、凡工商業發達之國家、商情一項佔報紙重要之篇幅、因多數人與此有關係、且視爲切身利害問題、報紙應迎合多數人之需要、爲確實之紀載批評、一面與經濟中之金融、又有不可完全分離之勢、然商情之調查亦係專門之業、故各大新聞社皆有專屬之外交記者、（小者即附屬於經濟部）其活動之要項如股票公債行市、（一面爲金融）糧食、絲紗等……之行情（上海新聞報所以銷行於上

海本埠、其拍賣一類廣告之完全、聞大有關係、）隨時報告本社、其活動之機關甚夥、如證券交易所、信託公司、糧食公所、銀行公會、內外各銀行、輪船公司、保險公司、商會及商會聯合會、農商部、工商部、及其他商業團體、而外交記者必須有專門知識者也、

11、社會部之婦女記者　社會新聞之中、形形色色、範圍廣大、事情複雜、尙有重要之一部分、則婦女部或家庭部是也、

各國大新聞社中、以婦女充當編輯者不少、而婦女部則專紀載關於婦女或家庭之事、即以婦女記者爲主任、此種婦女外交記者、或訪問女教育家科學家、及名流之夫人小姐等、其所欲得之新聞材料、如家庭兒童教育、養育兒童衛生、結婚離婚、社交、流行服裝、烹飪、家庭娛樂、保姆女學校、幼稚園新聞等……、另一方面則如有名女伶有名美人之寫眞或書畫詩文作品、亦爲婦女外交記

者所欲搜羅之材料、自提倡社交公開以來、對於貴族閨秀縉紳學者之眷屬不斷注意、以確立婦女界之模範、故凡夜宴跳舞遊藝會等處、皆爲外交記者活動之所、一方女子參政問題漸次實現、婦女所注意者不僅家庭與社交二者、其將來之勢力範圍必日見擴大無疑矣、

12、社會部中之宗教文藝　宗教之勢力、其先包括政治、自政教分離、而與政治成對抗之局、洎乎新思想瀰漫於世界、一方有科學爲其勁敵、非宗教之運動日益顯明、然尚不能撲滅之使無遺種也、就我國情形言之、除爲外力先驅之一二宗教以外、尚有多數極幼稚之迷信的團體、其毒深中於社會、且有支配一部人心理之勢力、外交記者即不能不注意及之、如呂純陽呂洞賓種種謬說、近年北方乃有悟善同善之許多團體發生、日爲扶乩神仙降壇之滑稽生活、其中以失意官僚軍人居多數、實可注意之問題也、故社會部之外交記者不可不向

此方面有所活動、而彼所謂青帮紅帮之會匪、滋長於政治社會之黑暗面、亦時見有偶與政治發生關係之新聞焉、

文藝部外交記者、各國新聞社中亦稍有其地位、然關於文藝之消息、範圍較狹、與新聞可謂無多大關係、總之、就大體言則政治部與社會部之兩大系統、爲新聞學中研究之骨幹、此外分支甚多、要可歸納於兩大部分、故本書之說明亦特注重焉、

13、地方新聞之外交記者　地方新聞與都會新聞、惟有規模大小之不同、其內容構造則一、故地方新聞之外交、不外仍分政治與社會之兩大系統、如省中之新聞、與北京中央似異、但不過縮小範圍、其外交記者活動之機關性質上並無差別、如政治方面則督軍省長各廳以及其他附屬機關、又與國會相當者則有地方議會與政黨本部者、相當者則有政黨支部、至經濟方面則無銀行公

司等皆有地方之分部、與警廳性質同者則有警署、其餘一切在地方皆有分部機關、故地方記者之活動與中央比較可謂具體而微其方法亦無少異也、但一國之中每有非首都所在而新聞社規模之大乃冠於全國者、如日本之大阪中國之上海、一則爲工業中心、一則爲商業中心、乃政治勢力不及工商業之一種趨勢此種新聞不限於一地方且注重中央政治與在中央者無異往往有左右民論之勢力、然必在工商業之中心而後有此資格、否則大新聞社無從發生而存在也、

八　探索新聞之具體方法

上述數章、關於外交記者之資格種類及訪問方法等、其最後之目的在於探索新聞、換言之、外交記者之種種準備、無非欲完成其探索新聞之職務而已、茲更就探索新聞之方法具體說明、若能澈底了解再加以相當經驗、且遇事奮勇前

進有機警精細之腦筋、無畏難自沮之暮氣、則成為優良之外交記者不難矣、

A　個人朋友與資格之隱顯

在東方之社會中、一般人對於新聞記者之觀念、與英美大異其趣、嘗在日本與一般社會之人接觸、知日人對於新聞記者亦抱疑慮可畏之念、惟較我國人則已進步多耳、（對於著名之大新聞、極有尊重之意）故外交記者之活動、不可不多結識個人的朋友、如政界之重要人物、若多與有個人的友誼、談話之頃彼此皆無資格之障礙、（如與國務總理談話、吾人不視彼為國務總理、彼亦不視吾人為新聞記者）則必能打破若干秘密與嫌忌、而較易得多量正確之新聞、有時固亦發生困難之點、吾人應立「正義的眞情的利用」之大防、何謂正義的眞情的利用、例如某要人與某記者有個人的友誼、某要人忽因某事蒙不白之寃、希望某記者為之辯白、此時揆諸正義與事實眞相、若果係某要人受寃

抑者、則不妨爲之相當辯護而許其利用、在友誼上更可多得供給新聞消息之援助、如係正義事實並非受屈者、則惟有直告以不能犧牲報紙之價値信用而請其原諒、此於友誼之中仍不棄以事實爲本位之原則、所謂外交記者交際之「大防」絕不容其毀壞者也、

又外交記者顯示其資格與否、當視情形不同而臨機決定、有若干人不喜彼所言者披露於報紙、亦有若干人惟恐報紙不採其所言、苟誤用則兩失之矣、故探索新聞、問及附近之知其事者、有時直告以我乃某社社員、有時又只能作爲私人詢問、而勿令知我爲新聞記者、凡此亦臨機應變之一端、求達探索新聞之目的而已、

B　構成新聞之六大要素

人類社會所發生之新現象、千變萬化、層出不窮、外交記者擇其足引起多數人

興味之新事實製成新聞、供給報社、當其探索之時、又往往匆促異常、稍縱即逝、若不豫知構成新聞之要素、則難免掛一漏萬、顧此失彼、不得稱爲完美之材料所謂構成新聞之要素者、約計有六、

1、何事(事之性質)

2、何人(與此事有關係之人)

3、何時(事件發生之時日)

4、何處(事件發生之地點)

5、何爲(事件發生之原因)

6、如何(事件之結果)

明乎上述之六大要素、則無論如何複雜之事、皆可探索紀載使有系統、但以上六者、偶見之雖似簡單、內容又極繁複、外交記者雖終日奔走活動、亦不易使六

種要素皆有充分之答案、蓋事之性質或有表面裏面之迥殊事之關係人、或有出面與背後者之大異、事之原因、有遠因、有近因、事之結果、有復成爲因、因復成果、是純在外交記者之眼光銳利心身勤奮、以求其眞、不能謂表面之六者俱得即可終了其責任也、

試以宋遯初先生被刺一案言之、當日行刺兇手爲武士英、苟其時併武士英之姓氏亦無人知、則探得武士英三字在新聞上已有甚大之價値然細思宋君生前並無私仇宿怨、武士英與宋君又係素昧生平、則必有指使之者、未幾而探得應夔丞、未幾而探得洪述祖趙秉鈞、未幾而應夔丞北上要挾、被殺以滅口、趙秉鈞之死亦聯想爲與此有關、然後此案最後與袁世凱之關係始得明瞭、及至洪述祖在京執行死刑以後、案中關係人始告完全了結、（但當政潮發生時、尚有借此案以攻反對黨者、）而以宋案爲導火線、南北騷然、舉國大亂、由果生因、因

復成果、果又爲因、其複雜至於不可究詰外交記者盡職之難、正在此耳、凡政治無軌道之國家事件之發展、每不可以常理預測、故爲我國之外交記者則難而又難、上所述者、亦示以程式、使人知活動之徑路而已、

C　突發事件探索之徑路

普通事件之調查較易突發事件則令人準備不及、調查頗難、茲以曩年紐約市長蓋挪亞氏被刺當時紐約報社外交記者奔走之方法、介紹如左、

市長被暗殺之最初消息見於上午通信社之報告、其文曰『相傳蓋挪亞市長於今晨在維廉大帝(船名)輪船中被人擊死云』

朝刊之外交部長、即以電話召集該社之外交記者若干人、以通信社之內容告先到之三記者、令赴好博劍地方調查詳情、越數分鐘、通信社又送來第二報告、其文曰『市長現已進好博劍之聖馬利病

院』

外交部長因即令第四記者赴聖馬利病院、面晤醫生、歸報其結果、第五記者則奉外交部長之命往訪市長之夫人於其宅中、蓋知市長之旅行並未與其夫人同往也、

通信社又有第三次報告、謂『行刺者已被捕、名吉姆司、吉奇亞拉、彼住第三街之四四〇號』

於是外交部長又對另一外交記者訓令云、『君可往該地詳細調查其爲人、覓一肖像、並詢其政黨屬於何派、可用電話報告、或尚有事委託』再命另一外交記者曰、『兇手奇亞拉今當在好博劍警察署中、君可速赴該處調查』

前往調查奇亞拉經歷之外交記者、已有電話報告、謂奇氏係港務課之守夜人、

某月某日被革、曾致書上官、鳴其不平、

外交部長乃復令一外交記者至港務課及庶務課將其書信盡行借來、

又另一外交記者則往訪副市長江畢羅米敢爾氏、一外交記者則調查市長出缺之法規條例、並由名人集中蒐集市長生平之歷史、起草市長之傳記、

曾雇用奇氏之人、言奇氏時有不可思議之不穩舉動、故又令一外交記者赴曾雇用奇氏者之家、詳詢奇氏平時之怪異行爲、

綜合各外交記者活動之結果、該報關於此案之新聞、遂有下列各節、與讀者以甚大之興味、

（1）市長蓋挪亞被刺之始末概要、（2）維廉帝船上之會見、（3）維廉帝船上之奇亞拉（4）奇亞拉之爲人及其書翰（5）聖馬利病院中之蓋挪亞（一6）奇亞拉之暗殺準備及其計劃、（7）蓋挪亞夫人及其家庭、（8）副市長

江畢羅米啓爾（9）市政廳、（10）市長更迭之法規（11）蓋挪亞之略傳、（12）奇拉亞之異行

D　蒐集事實之問答

外交記者之製作新聞、必先蒐集種種事實、其來源則大部分係從質問他人而得者、故訪問之必要、於前章已略述之、欲達多得事實之目的、必先能發有效之質問、所謂有效之質問者、一在能中於事件之要點、一在使他人樂於詳答、皆屬不易之事、蓋純爲義務的答覆、被質問者不感有何興味、故此際不得不用種種横術、（合上數章所示之方法）一如審判官之問證人、既須使之盡言、尤當防其僞證也、茲介紹日人所著新聞學中之一實例如左、

外交部長接一報告、『有一年約六旬、姓名住址不詳、衣服整潔之男子、在山之手線之代代木停車場、墮於軌道之上、負傷甚重、已送入順天堂醫院』云云

部長卽令一外交記者馳往、調査將達停車場時、與一警察相遇、問答如次、

一時間前、有一老者墮於軌道之上、已報告否？（外）

已報告矣（警）

知其姓名乎？（外）

不知（警）

負傷甚重乎？（外）

甚重、後頭部已破、用軟床抬往醫院之時、已不省人事矣、（警）

因何而墮下乎？（外）

不知、先有童子來言、有因電車負傷者、往觀則已抬至停車場、有多人圍繞一老人、似負傷甚重者、乃用電話請順天堂之外科醫生來救、以水拭而亦未見蘇醒、據醫生云或不至有生命之憂、（警）

因何墮下於軌道乎？（外）

不知、或因衰弱之故、（警）

謝君（外）

欲往一詢剪票人、至則剪票人適曾因事他往、關於此事一無所知、乃決定試詢諸賣晚報之女子、（不料乃得意外之線索）問答如次、

聞有一老者墮入軌道、受傷甚重、曾見之乎？（外）

落在軌道之上、頭部跌壞矣（女）

因何墮下者？（外）

此則不知、豈因眩暈耶、（女）

汝曾見其墮下乎？（外）

否、余其時售晚報於女客、即聞有叫喊之聲、（女）

如何將彼抱起乎？（外）

有兩人曾經跳下、然未及抱至停車場、已見有電車飛馳而至、兩人乃急奔避於傍、（女）

司機者即停車乎？（外）

否、余因是急取危險信號燈、搖於軌道之上、示有危險、（女）

是眞可感、不虞自身之被轢乎？（外）

予驚過甚、始失感覺、但知將危險信號燈亂搖不已耳、司機者見之、乃急裝上蒲雷克依（制輪機）即有火星發出矣、（女）

司機者能立刻停止乎？（外）

電車停處、與余相距極近、然余亦不知懼、（女）

可佩可佩、汝必得獎賞、更有一事、請問何人將老者抱起乎？（外）

司機者及車掌外、尙有二人、（女）

汝能使電車停止、見之者作何議論乎？（外）

有一男子言、『汝爲可欽佩之女子、必得獎章也、』余言、『余固未爲足以得獎章之事、』（女）

汝肯告以汝之姓名乎？

彼等問余姓名、謂必可以得獎、（女）

余亦不得不問君之姓名、欲載諸報紙也、（外）

余不願報上有余之名、余有何功耶？（女）

余因須載老人如何負傷之事、不能不將汝停止電車之情形記入、（外）

然則余應告君、余姓村上名絹、（女）

住何處乎？（外）

新宿北裏一百九十六番地、（女）

時來此乎？（外）

否、自前星期出校、始從事售報、（女）

汝曾聞老者之姓名否？（外）

殆一孤人也、（女）

醫言負傷極重乎？（外）

否、診脈後又診心臟、知尚有生氣、（女）

謝君、余將往順天堂一詢、（外）

外交記者即赴順天堂醫院與醫生問答、

一時半前山之手線代代木停車場之軌道上負傷之老者、聞在貴院醫治、現作何狀乎？（外）

彼老者姓名爲何？（醫）

不知、（外）

殆此人也、已於六時十五分死矣、因頭蓋骨破碎腦中出血之故、（醫）

然則已知其姓名乎？（外）

否、只有一名片、可作調查之線索、（醫）

請以名片示我、（外）

醫生交與外交記者、乃一京橋區大鋸町十一番地佐藤照相館之名片、背面則用鉛筆寫有「小川增平」及『大崎』等字、於是外交記者因省時間、即在病院事務室中、以電話與佐藤照相館之事務員談話、

在某停車場有老人負傷頗重、其携帶之物品中、有貴館之名片、背面書有大崎等字、貴館知為何人乎？（外）

今晨有老者來訪敝館修正人小川君、但小川前星期已赴大崎去矣、（照）

小川之名為增平乎？（外）

然、老者即小川之叔父行、（照）

小川在大崎住何處乎？（外）

不知、從前之住所、為日本橋區箱崎町一丁目二番地若杉館、（照）

謝君、（外）

末赴大崎以前、外交記者先往若杉館、與女主人問答、

小川增平君居此乎？（外）

前星期已移去矣、（女主）

小川君居此時、常有一衣服整潔之老者來訪乎？（外）

君因何詢問此事？（女主）

因老者今日在電車站負傷、而小川則爲其侄、（外）

余固不希望其發生此等事也、老者前日來此、開門之際、即倒於院內、急喚小川將其抱起、飲藥而蘇、小川言彼有心臟病、然則負傷重乎？（女主）

一時以前、已死於病院、（外）

可憐之老人、小川君頗望其得終天年也、（女主）

老人之住所知之否？（外）

否、似非東京、因其不常來、小川每勸其勿獨行遠道、（女主）

知其職業否？（外）

不知、似少有所蓄也、（女主）

在此跌倒爲何日？（外）

三星期前、（女主）

東京亦有小川之親友否？（外）

不詳、恐無有由鄉間來未久、都會生活非所喜、夜間常不能寐云（女主）

君知老人之姓名否？（外）

小川君曾介紹於余謂老人即健吉叔父、自云野村健吉也、（女主）

外交記者即往對門之藥舖、查有無野村健吉曾來購藥、但簿上並無其名、知此事無可再查、乃歸報外交部長、外交部長告以撰稿之方針、應將俠義勇敢之少女首表而出之、先撮新聞之要點、以爲甚忙者讀報之便利、（注意）然後將以上所調查之各種事實概行叙入焉

代代木電車道中

●勇敢之少女與慘死之老人

△老者野村健吉墮入電車道

▲少女村上絹搖危險信號燈

△因頭蓋骨破碎死於順天堂

▲其侄小川增平謂有心臟病

昨日下午五時半、代代木電車站有售晚報之女子村上絹者、（年約幾歲）冒險跳入電車道上、向開來之電車急搖危險信號燈、使墮入電車道中不省人事之六旬老者野村健吉、免爲電車所轢、但野村氏因素有心臟病、由月台墮下之際、頭蓋骨業已破碎、故雖抬入順天堂醫院、逾一時即因腦部流血而慘死云、

（注意）右第一節即將新聞要點（六大要素殆已俱備）簡單書出、如係最忙之人、讀其標題

而已知大概稍有餘暇者則讀右之第一節、再有餘暇者、則可以讀下記之全部、

當此事發生之頃、電車站中往來旅客極多、時有一老者、年約六旬、服裝整潔、於下車之際、忽感眩暈、手足搖動、遂墮下仰臥於電車軌道之上、

時有二壯士、慮老者或爲來車所轢、跳入軌道之傍、欲將老者抱起、然來車已轟轟飛至、二人見危險已迫、不得已仍棄不省人事之老者、以免己身之危險、

村上絹目睹當時危急之情形、即從剪票人手中奪去危險信號燈、一躍而下軌道、高舉信號燈、搖之不已、司機生陡見紅光、即搬動制輪機、車乃戛然而止、來車停止之處、距此勇敢少女之立足點、不過數尺遠耳、

少女乃囑司機生及車掌與其餘二人、抱起負傷之老者、抬入月台、即自回賣報之處、若無事者、旁觀之人、贊美之聲紛然而起、有詢少女以姓氏者、初不肯答、再詢之、曰姓村上名絹子、亦不願因此勇敢行爲而得名譽之獎勵、少女住新宿、乃上星期始從學校出者、

某醫生曾來診脈與心臟、初以爲尚可救治、既而以軟床移老者於順天堂醫院、始發見頭蓋骨破碎、

搬入手術室中、因腦中出血、遂以慘死、因其携帶品中有京橋區佐藤照相館之名片、背面書有小川增平大崎等字、經記者調查、老者昨晨曾訪小川氏於該照相館、因小川初爲該館之修正人、然已移住大崎、而未遇、記者又往小川寄寓時之旅館詢問、則知老者乃小川增平之叔、名野村健吉、素有心臟病、前次往訪其侄、忽倒於門次云、野村氏必非本市之住戶、乃從異鄉來訪其侄、夙戒以勿隻身遠行、今乃以是不得善終、亦可哀矣、

E 電話與電報

新聞之來源、大部分得諸訪問、但在我國之社會中、訪問有種種困難、於前章已略述之、且訪問每爲時間及儀式所格、同是一人勢不能日日與之晤面、故須可以訪問之人甚多則輪流而不覺其厭、尚有一種輔助之方法無上述之困難者、自莫善於以電話探索新聞、蓋電話實亦訪問之變例也、惟電話亦不無困難之處、

1、稍有重要關係之事、每不便在電話中明說、縱實際上並無此種原因、然相

手方可以此爲藉口而不肯言、

2、官僚必有架子、每不願親接電話、而事實上老官僚亦眞有不能接電話者、故僕役先言『看一看』再又言『不在家』、者實皆拒絕接談也、

3、電話必係簡單問答、不能如普通訪問之在自由談話中多得新聞、因是電話之利用方法當與普通訪問不同若能用得其宜則電話自爲最經濟便捷之一種重要方法、不可因噎廢食即疑電話爲不適於用、所謂與普通訪問有別者、試略舉之、

1、請其在電話中接談者、必係有個人的交誼之人、且平常訪問時必曾要求而得其允許者、

2、電話中之問答、必先將應問之事預備而要求明瞭答覆、或對某事疑信參半而希望其證明、總之所提出者多爲具體之問題、

電話之裝置、宜於在寫字檯上、一面問答、同時可用手以記其要點、蓋電話中之所聞者、每較對面晤談爲易忘易誤、質問語音之清晰、與聽話耳力之聰明、亦須有相當練習、各國大新聞社中之電話部、每能於數百里外之電話中記數千言之新聞、乃有特別敏捷之手段者、（有時用速記、有時則因速記須譯、反致延緩、故不用速記）

遇不肯親接電話之官僚、如有特別必要時、亦可用非常之手段、而此非常手段中、半面又有極正當之理由、非常手段者、即謂私宅中人請彼說話、或言某機關請彼說話是也、此種方法、十九必發生效力、俟其接談、則婉告以「我乃某某」並告以「恐與新聞記者接談、座中有人聞之不便、故不得已而出此」彼不能不加以諒解、且勢難中止而不接談、有時亦有眞非如此不可者、例如閣員正當閣議之時、吾人因某要案、急欲先知其結果、非覓閣員電話中談話不可、若竟告以某報記者請某總長說話、則恐其他閣員聞之、與彼大有不便、自必避嫌而託辭拒絕、然苟某機關或其本宅中請彼說話、乃至平常之事、彼必欣然來接矣、此打破第一重難關之方法也、惟此僅限於非常必要之時、且對一人不能連用數次、尤須本有個人的友誼者、否則近於冒昧唐突、或且疑吾人爲不正當、不可不愼、

以愚自身之經驗言、現在每日所得之新聞、殆大半由於電話、以北京各機關距離之遠、且官僚每爲無事之忙、不知其終日所幹何事、訪問實爲不易、故所賴於電話者甚大、然此乃積多年活動之成績、非一旦所能造成者、故外交記者自以可能的盡量奔走爲必要耳、

外交記者報告所得新聞於本社、不外三種方法、一爲將原稿製成送去、二爲以電話報告、三爲以電報報告、如駐京特派員之對於上海本社、自只有電報與通

信兩種、每日必有數百字之電報、凡用專電之事、必時間極爲匆促者、故專電之造句、不可不有極純熟之練習、以求『簡單明瞭』在新聞上與經濟上皆屬有益蓋外交記者每紙電報稍放鬆一二字、日積月累、每年即增極鉅之支出、以時間匆促不便句斟字酌、須隨筆寫出、皆消息不漏、而字數又少、總之簡單之程度以使社中完全明瞭爲度、人名地名之簡縮、必料社中決不至於誤會、（如交吳內高、自指交通總長吳毓麟、內務總長高凌霨、如政界中無兩人以上同姓者、即單稱高顏熊、人必知爲澤畬駿人運丞、若王與張則同者太多、不如棄姓而用名、或其下所敘事實、決不至張冠李戴者、則仍用一姓亦可、例如言吳在衆院主席人必知爲濂伯而非秋舫）凡此種種、平時須有研究與經驗、以報告新聞爲第一義、以節省電費爲第二義、愚曾因省略兩字而招極大之失敗、（例一）故遇有重要之事、而恐社中不明瞭者、則不如增一二字之爲愈也、

（例一）黎元洪第二次解散國會時、其命令無人肯爲副署、議至夜深、始以江朝宗爲總理而副署解散國會之命令、惟彼時爲申報特派員府中會議時、與某某閣員約定、一有結果、即行密告、是晚府中會議散席已一時矣、尙欲以急電排入當晚之報紙中、急電之文曰『江副署解散令下』僅三十分鐘即達上海、詎知江字之電碼誤爲段字、第二日報上載『段副署解散令下』新聞之價值失去一半、蓋『解散令下』仍有價值、惟江易爲段則錯誤耳、若原電稱『江朝宗副署』則不至有此誤、當時思之、悔不可言、

各國大新聞社之特派員、遇有要案發生、每有先以簡單電報報告、待社中之覆電者、又電文長短與到達遲早至有關係、故遇大問題時、必先以簡單字句急電報告、詳情則續發普通長電、免致當日不到、而電局中人員亦須與有相當之聯絡焉、

F　以名刺詢問新聞

此節與訪問有關、應列入訪問章中、因隨寫隨印、遺漏此節、遂補述於此、凡往訪

政界要人詢問消息、最要者必先告號房以『沒有幾句話、說完就走、五分鐘即足、』一則事忙無暇之拒絕先爲打破一部分、或在名刺之後寫明祇求爲五分鐘談話、亦是一法、若仍被拒、則再以問題簡單書在名刺之後、要求答覆數字此各國外交記者所常用之手段也、

G　演說稿之速記

外交記者遇有名人之演說、自應爲之紀錄、但紀錄之方法有二、一爲速記而語語寫出者、一爲記其要點而較爲簡單者、若爲便於閱者起見、頗以紀載要點爲宜、蓋速記須多一番翻譯之時間、且遇不善於演說之人、則速記之依樣葫蘆、反致支離滅裂、莫明其要點所在、若能提綱挈領、吸收精華而棄其糟粕、反較長篇累牘爲佳、惟一則須有結構、一則純爲機械行動、故以紀載要點爲難、若內容非僅爲具體之個條外交記者可凝神靜聽而勿庸動筆也、

九 新聞價值測定之標準

外交記者對於新聞價值(News value)之有無大小(或曰多寡)應充分了解、一聞而知香色味之立能辨別、固須學識經驗兩者俱備、養成一種特別神經、憶昔初爲新聞記者、不過自小即感新聞之有興味、喜讀鄉間之小報、而爲地方小通信員、日積月累、逐漸增加新聞之知識、辦報數年以後、遇有特別機會、始再從事研究新聞之學理、以與經驗相參證、故最初之數年、無異在黑暗中摸索、雖樂此不疲、而成功固甚難也、本書之任務、既在助外交記者之早速成功、而外交記者最要之知能、尤在認識新聞價值之有無多寡、故具體說明其標準、凡有志外交記者之青年、即易依此標準以爲測量之初步、茲參酌美國惠斯康新大學新聞科教授格蘭赫德氏(Grant Hyde)之所論、有四種標準如左。

A　愛讀者之人數

『最佳之新聞即爲貽最大多數人以最大之興味者』此前章所曾說明者也、故新聞之價値、第一可以愛讀者之人數爲標準、新聞事業本含有樹言論之權威及使營業發達兩種意味、而兩者互爲因果、皆須以使有多數之人愛讀爲手段、則所謂有價値之新聞、第一即在多數之人愛讀而已、於此應研究多數人何以愛讀？則必直接間接與多數人不無關係、而爲彼等所皆欲知之事、例如現在之北京、各機關經費非常艱窘、欠薪皆達數月之久、故財政總長果屬何人之新聞、爲一般政界所注意、因財政有辦法與否、與彼等之生活大有關係也、又如財部停薪之消息、惟財部人員非常注意、若忽有各機關一律停薪之新聞、則各機關人員皆起而注意矣、是故財政部停薪之新聞、其價値不及言各機關一律停薪者之大、因注意而愛讀者之人數不及後者之多也、又如耶蘇教徒會議之新聞、其價値不及各種宗教聯合會議之大、因前者有關係而感興味之讀者殆只有耶穌教徒或與耶穌教徒直接間接有關係之人、（友與敵）若後者則各種宗教皆有關係、價值遂因而增大矣、然各種宗教聯合會議之新聞價值、又不如國會開會制憲之大者、則因宗教聯合會議只限於有宗教信仰者方感其興味、而國會制憲、則利害及於全國一切有教無教之人、其範圍又比宗教會議爲大故也、若明此理、則新聞價值與讀者人數之關係、諸事可以類推矣、

由此更可知普通報紙與專門雜誌選擇材料方法所以不同之原因、普通報紙宜求其廣、專門雜誌宜求其深、兩者目的不同、手段亦自有異、故在普通報紙上視爲好材料者、而在專門雜誌上、則未必可以採用、易地皆然也、

然則外交記者之採取新聞材料、當以多數人感有興味者爲第一標準、且須知人數之多寡、又與時代場所之變遷大有關係、例如因近世新聞作法之進步、能將專門的特殊材料爲淺顯之說明、一般人對於專門的問題亦漸感其興味、此

又報紙循循善誘之功則外交記者於迎合多數讀者心理之外且負有製造多數以變換社會心理之能力與任務也（例一）

例一◉恐初到北京之日（民五）京中各報殆十九有花柳優伶之品評紀事且其時一二自號才子之臭名士專作無聊奇醜之文章不啻爲引誘青年男女於墮落之一種工具各報爲迎合社會心理利用社會弱點起見似關於花柳優伶種種不堪入目之論載爲不可少京報初出版之數月中亦不免有極少數之此類材料一日恐與蔡子民校長談及此事因彼時男女學校學生及大家閨秀之定閱京報者業已不少乃寧暫時犧牲銷數毅然將此類材料徹底剷除雖數月之間不無稍受其影響然其後依然增加且進步極爲迅速自是北京各大報紙除極舊無識及某國人機關專事宣傳我國社會之不良風俗者外遂無栽花柳優伶等等不堪之文字者（評劇乃另是一事）近年之八大胡同稍形冷落雖半由經濟問題使然而報紙不爲熱烈之提倡未始無消極之效驗也

B　時機之適當與否（附調查部之說明）

『新聞』云者如其名之所示以新爲主故今日之事爲新昨日之事爲舊昨日之

事爲新、前日之事爲舊、此時之事爲新、前一時之事爲舊、今日之報紙、記昨日之事、所以不稱某日而稱昨日、因昨日之意味、使人覺其比所謂某日爲新耳、又如昨晚一時以後之新聞、愚在京報上每不稱昨晚而稱今晨、因今晨比昨晚更新也、(如甲寅日刊記段氏之談話下註今晨二時又此次清宮大火京報記爲今晨一時)

新聞之得時與否、又不僅以早爲標準、而有「適當時機」之意味、如預料一年或數月以後照例須發生之事、然必至其發生時而始紀載、因過早亦有時機不適當之弊、不能引起多人之注意、又有遇適當時機而舊事可作新事紀載者、如近日美國哈丁總統逝世、各國報紙每紀載哈丁爲病歿於在職中之第幾任總統、因之將美國已往總統病歿幾人、被刺幾人、重行敍述、讀者覺有興味、此舊事因得時而復化爲新者、(例一)更如國會解散之新聞發生、從憲政史上再述此

次國會解散為第幾次、與已往者比較其原因之異同、讀者即大感其有興味、是亦舊事可因適當時機而化為新事之例、

又如因大雷雨而致多數人之死傷、第二日新聞記事中可兼附以避雷之方法、為淺顯之說明、其價值即與新聞無異、可見雖為極舊之事、遇時機而能化為新若平時無故而記一段避雷之法、人必厭之、由是外交記者應知新聞價值測定之第二標準、必最新而又在最適當之時機者、

例一 ●因遇適當時機而舊材料化為新材料、如最近關於美總統哈丁君逝世之紀載、及美總統由顧理治君繼任之紀載、有兩則最著之例如下、（轉錄十二年八月七日京報）

（A）英文大陸報載稱哈丁為美國總統死於任上者之第六人、罹疾而死之第二人、蓋美國總統在任上被刺者三人、（一）林肯總統於一八五六年四月十四日、在福德劇園觀劇時被一瘋狂伶人卜慈氏用槍擊斃、（二）加飛爾總統於一八八一年七月二日在華盛頓車站被貪爾古多氏暗殺、是年九月十九死於郎安蘭愛路爾城內、（三）麥金利總統於一九〇一年九月

六日在巴福樓美國博覽會時被人槍擊兩次、九月十四日殞命、乎罹、疾而死者、、哈（一）哈爾遜總統、就職後一個月、患胸統漠炎逝世、（二）泰拉爾總統、就職後一年零四個月、因患瘧病而死、（三）即現今之哈丁總統、因患肺炎逝世云、

（按）右之事、實皆屬歷史也、然因遇適當時機、遂有登載之價値、

（B）華盛頓八月四日電訊、此次哈丁總統出缺、繼其任者爲副總統顧理治氏、顧氏係美國麻塞出色省人、爲該省第三總統、該省第一人主白宮者爲約翰亞當氏係美國第二任總統、第二人爲約翰亞當之子約翰古音斯氏、爲美國第六任總統今第三人即爲顧氏因該省自美國開國以來、共出總統三人云、

（按）右之事實亦係舊歷史也、然因遇適當時機遂有發專電之價値、

觀於右之兩例可見報社中設立『調査部』之必要、現在各國新聞社中莫不有『調査部』之組織其內容頗爲複雜、人數亦復甚多仍分政治社會財政經濟……各科搜羅種種有關係之材料及人物歷史相片等、遇有某項問題發

生編輯部即開條向調查部調閱、不數分鐘立將此項材料檢出、故各國大報紙之新聞論說、對於一問題之遠因近因、過去現在、莫不原原本本、即在數十百年以前之某日某時某分鐘、亦皆詳晰無遺、使閱者驚其記憶力何以如是其强、不知皆係調查部準備周詳之效也、至調查部對於萬事萬物所以檢出如此其速者、則分類索引之方法、乃經過多數學者之研究而日臻於完美、（各社不同）平時搜羅材料、則無論內外報紙書籍公文案牘、皆分各種問題、使成系統、而部員亦多斯學之專門家、平日悉心研究、以備編輯部之隨時取用、每年所需經費頗鉅、爲新聞社中之一重要機關、愚在日本時、曾對於各大新聞社之調查部加以考察、關於中國之事、則比諸歐美者尤爲詳悉（歐美大事亦應有盡有）隨意檢出我國之人物、凡各界較知名之士、皆居其列、相片之背面附註簡單履歷、就吾人所知者閱之、頗無大誤、駐外之外交記者、皆兼爲調查部員、以駐在地方所得材料隨時寄諸調查部、愚歸國後曾與上海各資本較厚之新聞社力言調查部設立之必要、聞中新等將起而實行、茲事困難之點不僅在經費、而人才不敷亦一原因、然與報紙內容之改進、實大有關係、望全國各報皆能急起而直追也、

C 距離遠近之關係

凡發生於本地及近處之事、比諸遠處者價值爲大、如本京有一洋車夫路斃、可載諸本京新聞欄中、若上海南京有同一之事、則北京報紙決無從而紀載之者、此事件相同而距離有遠近故也、北京報紙中對於本京清宮之大火、應用大字爲特別詳細之紀載、讀者覺有興味、若天津大火則次之、上海或東京又次之、無非原於遠近不同之故、赫德教授嘗言「凡人每感種族的地方的利害關係、因是起於自身附近之事、每覺其有興味、否則即因愈遠而愈薄」每晨披閱報紙者、必先擇與己有關係或與自身職業同類之新聞讀之、即如各機關之剪報以

供長官檢閱者亦必先剪該機關有關係之新聞論說、（此爲各衙署各銀行隨處皆可見之事實）蓋多數讀者皆以自己爲中心故此中心之周圍、愈近而感情愈切、則凡本地之事自較諸遠方者爲注意、若編輯新聞而違背此種原則、即難期銷數之增多、例如北京之報紙、首當注重者爲中央機關所發生之政治外交要聞、（如內閣消息總統選舉問題等）其次則本京所發生之社會要聞、（如金融界之銅元票問題、公債問題、各機關發薪問題、以及殺人強盜命案……等）國外新聞則除突然發生且與我國直接間接有關係者外、（如哈丁總統逝世、乃有世界的性質之突發事件、且因中美邦交與國體之相似而不無間接關係）殆不宜使之充塞於報紙而反將北京政治社會之重要新聞犧牲、近年美國新聞界對此問題有所討論其多數主張亦以本國爲中心而不樂以歐洲電報充滿報紙之篇幅蓋本此原則以測定新聞價值之一例也。

D　興味之集中與變遷

在歐戰以前、各國新聞中所最注重者、大率皆爲政治問題、似非政治新聞不足以爲報紙之材料者、故往往有『若無政治興味則不成爲名記者』之言、政治何以爲最要之材料乎、蓋國民之頭腦中最感不偏的利害關係者爲一國之政治、故也、例如新內閣施政之方針、財政之計畫……等等、與一般國民有至重大之利害關係、其程度最深、範圍最廣、故全國人對於新聞之興味、不期而集中於政治問題、此就各國情形言之耳、若在我國、則一般國民對於政治既無甚大興味、而年來政府及南北各派之所爲者、皆與全體國民之利害不相一致、故政治以外之新聞、如社會經濟、有關國民生活者、反視較政治爲尤重要、此最近趨勢之略可見者、惟社會經濟亦在在與政治有關、且如各派暗爭以及調兵遣將預備私鬭之消息、最足使國民寢食不安、故日內江浙人民奔走呼號、爲弭戰之運動、一聞某處軍隊南下、某系與某系聯盟、亦莫不充分注意、惟恐其將實現、然則、輿味所集中者、仍爲政治問題中之時局問題、我國之外交記者、對於時局內容固不可不爲明瞭之觀察尤不可不爲敏捷之報告矣、

論各國間對於新聞互相注意之程度、自一世紀以來、歐美日本諸國頗有一種新現象發生、蓋政治問題固爲一般國民所感爲有不偏的利害關係者、然鄰國之人則不覺有何足紀、縱近鄰之國稍加注意而距離較遠者則直視爲無關痛癢之問題、獨遇有社會方面之奇突消息發生反能超越國界而使各國皆感有莫大之興味、例如俄國共產主義之勃興、私有財產制度之撤廢、世界各國朝野、一若布爾薩維克與彼有重大之關係、或盛祝其成功、文化運動之傾嚮、亦注集於此方面、同時資本階級貴族階級、設法防止、亦皆不遺餘力、優秀之外交記者、即不可不默察此種內因而爲細密之探索、又如日本櫻島之噴火、在各國人視

之、比諸皇太子攝政之新聞爲有興味、如法國內閣之受賄事件、其閣員某氏受某新聞之攻擊、各國人固漠然視之、然某閣員之夫人、竟以手槍擊斃某新聞之主筆、遂大引起各國讀者之注意、上所述者問題雖有大小、而社會新聞之價值各國間視爲比政治新聞之價值尤鉅、則不可掩之新現象也、即以美國言之、近年以來各大新聞社對於社會部之市井新聞、均非常重視、各國間之新趨勢如此、我國新聞界亦有上述之動機、是殆社會新聞將侵佔政治新聞地位之表徵、外交記者更不可不預加研究焉、

以上各節之所述者、新聞價值測定之標準、大體已不外是、赫德教授更提出四種方法、(一)死傷者甚多之事件、(二)有名人物有關係之事件、(三)稀有之珍聞、(四)非常可笑或非常可悲之事件、是皆足惹起注意者、例如浙江第一師範毒斃學生多人一案、乃有一三四之價值者、四川劉廉彬女士慘死一案、乃有第

四項之價值者、惟赫德教授所言、似皆注重社會方面之新聞也、

十　新聞價值減少之原因

新聞價值測定之標準、既如上述、亦有數種原因、可以使新聞價值減少者、則如『西子蒙不潔人皆掩鼻而過之』外交記者不可不將此類原因力事避免、凡新聞之不確實者、即無價值可言、茲之所謂減少、則此類新聞非無相當價值、惟因有瑕疵而減少耳、試舉最要之原因如左、

A　含有廣告的意味者

廣告的意味之新聞、乃於新聞之中加入一種作用、大約新聞社所接得外間供給之投稿、皆含有此類作用者爲多、蓋欲以新聞之面具而利用報紙爲之宣傳其目的、例如言一如何著名如何美麗之女伶失去價格貴重之鑽石、表面固不失爲新聞也、然其骨子則爲女伶鼓吹、無異一種廣告、歐美稱此類新聞爲拍蘭

脫Plant凡老練之記者一見而知其用意、決不受其欺蒙、聞曩時路透社會特下嚴厲之訓令於各通信員須注意勿採用廣告的性質之消息、所謂廣告性質者、不僅在商品上用之、醫生律師之名譽、文學家藝術家之作品、軍人之戰功、官僚之治績、是皆廣告而已、我國所慣稱之『作用』兩字、頗與廣告之意味相合、總之、凡報告新聞之外另含其他目的者、即係廣告的性質、外交記者如遇半含新聞半含廣告之材料、可削去其廣告(有作用)之部分、若係全有作用者、則直棄之如遺、絕勿受人愚弄轉以愚弄讀者、否則即大損害新聞之價值、惟近世廣告方面技術之進步、每皆作爲紀事體、含入新聞消息以引起讀者注意、此則另一問題耳、

B　揭發人之陰私者

報紙之特質、在有『公告性』、若與國家社會無關之個人私事、竟爲揭發於報紙、

乃違背德義非人道之甚者、故凡個人私事、不問其善惡、皆不得用作新聞之材料、否則即大損害新聞之價值、關於此節、歐美諸文明國之報紙最爲注重、無論如何皆不肯揭發他人之私事、而英國則此種制裁尤爲嚴厲、有違之者、決爲道德法律所不許、公私之界限判然、頗有一例、當日本明治四十二年之夏、泰晤士之外報主任啟羅爾與該報北京特派員莫利遜同訪大隈於早稻田、三人私談、其談話之一節、爲朝日新聞所登載、啟羅爾見之、非常不悅、直致書該報詰責、謂所談既屬私事、不應未得其許可而遽行發表、日本記者頗因是而大窘、故英人可謂抱極端嚴禁私事主義者、我國有一部分新聞記者、對於此義、似未深考、且每以盡發他人私事爲能、終日所探索者、皆爲他人之私事、竟有將他人之家庭秘密閨房私語揭載於報紙者、是誠可恨已極、使外人見之、直輕視我國人爲毫無新聞知識與道德也、故希望外交記者、對此當非常注意、力矯弊風、且若採私

事禁載主義必可減去無數新聞記者之惡行、蓋不良新聞記者敲詐之手段、每用先探私人秘密以爲奇貨利器也、

C　有害社會風俗者

報紙爲社會之教師、其感化力之大、殆過於電影戲劇、故凡有害社會風俗之事、不可作爲新聞而任意披露之、所謂有害社會風俗者、最當注意之點爲穢褻與殘忍、淫書淫畫淫戲之禁止、與夫刑法進步行刑秘密、無非恐有害於社會風俗、而增長其淫亂性與殘忍性耳、然則報紙上又安可違反此義而不加檢點乎、英美諸國中等以上之報紙、對於慘死之光景、屍體之狀態等、皆不加以細寫、至如娼妓賣笑之生涯、青年男女淫奔野合之紀事、更皆不肯略事敘述、蓋豫防穢褻殘忍之增長、方合於新聞之任務也、我國對此兩事皆不注意、愚所最感不安者、曾有二例、某記者之本家、爲僕役所殺、後其僕判決死刑而槍斃、某記者爲一時

快其私仇、竟大書特書槍斃時情形、愚讀之、心身皆悸、使一般無識人民日日灌輸此種記事、毀法之效、未可槪、未有不流於殘忍者、又有陶某一案、關於翁媳間事、北京一部分報紙、皆視爲珍聞、而窮形盡相、苟日日以此灌輸、淫惡之心、未必生、亦未有不流於淫亂者、揣度報紙所以悍然不顧之原因、無非以此迎合一般劣等之讀者、既有損新聞價値、而貽害社會風俗、則其責任爲尤大矣、外交記者對此不可不於下筆時存一身處講堂地位之心、惟恐一般讀者受教師不良之感化、此本書所切望叮囑者耳、

十一　裸體新聞應記之項目

外交記者日常所探索之新聞材料、有屬於抽象秘密之非具體新聞、有屬於公開具體之「裸的新聞」、茲以各種具體事情應記之項目列擧如下、庶記載時不至掛一而漏萬也、（固不僅如下之所列、但將以下各項細心一考亦可以三

隅反矣）

A、開會應注意之各點

1、普通會議

注意　關於開會之印刷品等須及早取得、（一）開會之發起人（二）若爲團體則須知團體之性質歷史、（三）會議之性質（定期或臨時者）（四）會議之目的（五）司會者及議長、（六）決議案修正案及議事之情形（七）投票之光景及結果（八）演說者之人物（九）演說時聽衆多寡及感動程度（十）會場之模樣、（出席者之多少及其服裝種類場內之裝飾）（十一）開會及閉會之時刻（十二）出席者之重要分子、

2、展覽會

(一)場所、(二)日時及會期、(三)目的、(四)發起人、(五)職員、(六)觀覽者之模樣、(七)出品之內容、(八)會場之光景、(九)出品之發賣、(十)審查員、(十一)審查之方法、(十二)獎品授與、(十三)獎品之種類、(十四)受賞者之姓名及出品、(十五)餘興、(十六)會場內外之裝飾、(十七)入場者之數、(十八)會之收支概算及與豫算之比較、(十九)外來之捐款或補助、(二十)若年年舉行則與前次之比較

3、音樂會

(一)開會之目的、(二)發起人、(三)出席者、(四)樂長之姓名、(五)聽衆之評判、(六)重要之獨唱家音樂家、(七)重要之樂手及樂器種類、(十)出席之名士、(十一)會之收支、(十二)收入利益金之處分

4、夜會又跳舞會

(一)場所(二)發起人、(三)目的、(四)會場之裝飾(五)來賓之車馬、(六)重要之來賓(七)人物及服裝、(八)重要接待員、(九)奏樂之組別(十)樂隊(何處之樂隊樂長爲誰、)(十一)跳舞之組、(十二)重要之跳舞者及曲目模樣、(十三)會之性質歷史、(歡迎誰某或誕辰之祝賀等)(十四)開會閉會之時刻、(十五)來賓最盛時之光景(十六)喫烟室之光景、(十七)宴會場之光景、(十八)當夜最受歡迎之跳舞、又曲目及跳舞者、(十九)會之最後光景、

5、宴會。

(一)開會原因、(二)來賓之姓名(三)主人方面之代表者、(四)知名之列席者、(五)場所、(六)日時、(七)座中名士之寒暄(八)會場之裝飾、(九)婦人休息室、(十)貴賓休息室、(十一)從休息室至宴會場時之次序、(誰某

扶誰夫人之手誰某先行其次爲誰等）（十二）宴會場上座來賓之位置、（十三）乾杯之辭及演說、（十四）會後之談話（十五）散席時刻

注意 出席者之姓名、在宴會未開始前即先探知之、

6、遊園會

（一）主人及邸宅會場之名、（二）開會之意味、（三）出席者之種類及重要人物之姓名、（四）樂隊（五）餘興、（六）裝飾、（七）開食堂之時刻、（八）食堂之光景、（九）演說等、（十）出席者名士之長談

7、慈善會

（一）開會之目的（二）發起人、（三）募捐賣物之名士夫人小姐、（四）餘興、（五）場所（六）賣品之種類、（七）重要寄贈品、（八）賣殘之品之處置、（九）賣去總數及純益金之處分法、（十）賣物之方法、（十一）天氣模樣、

8、競技會

(一)開會地、(二)道路及地面之狀况、(三)氣候、(四)競技之種類、(五)會長評判官其他職員、(六)發起人、(七)入場者之多寡種類、(八)各方之勝負、(九)得勝之人物、(十)前回之比較、(十一)次回之豫定、(十二)賞品、(十三)茶菓、(十四)餘興、(十五)賞品授與、(受賞者及授與者)(十六)意外事故、(十七)祝勝會又競技者共同懇親會、(十八)當日競技者中著名人物之略史、

B　各種儀式應注意之點

1、進水式

(一)進水之船名、(二)船之效用、(三)造船之材料木造乎鐵製乎等等、(四)設計者、(五)造船者、(六)所有主、(七)第一次航海何時何處、(八)船

長(九)行命名式者(十)命名式之光景場所日時、(十一)招待來賓之名、(十二)建造時日、(十三)登簿噸數、(十四)汽機之馬力、(十五)一時間之速力、(十六)船之長與幅、(十七)造船費用、(十八)船艙之深、排水噸數等等、(十九)艦船之種類、(二十)裝運之次序、(二十一)乘員之數、(二十二)第一次航海時裝運之貨物、(二十三)與已造艦船之建造方法異同、(二十四)與他艦船之比較、(二十五)全部竣工何時、(二十六)進水式當日之天氣、(二十七)進水式當日之潮汐模樣、(二十八)進水之手續順序、(二十九)進水時一瞬間之光景、(三十)若爲軍艦則備砲之大小數目、裝甲之厚、鎧帶、砲塔、砲座等、(三十一)若爲客船則座位之大小數目對乘客諸般之設備、船室、船床之數、乘客定員數等、

2、**除幕式**。

（一）築造物之說明、圖案家彫刻家及建築家、（二）建築之材料、（三）如爲銅像則記鑄之日時與場所、（四）建築於該地之原因、（五）工事費、（六）建築發起人及有關係者、（七）行式諸人、（八）行除幕人之姓名來歷、（九）演說祝辭、（十）記念人之傳記及事業、（十一）碑文或像上彫刻之文字（十二）臺石之模樣說明、（十三）像之態度及意匠原委、（十四）爲本人幾歲之像、（十五）周圍情形及餘興、（十六）式場之光景、（十七）除幕器械的設備、（十八）建築物之高大度數、（十九）當日之天氣、

3、新築落成式

（一）建築物之說明、（工事費建築之樣式等、）（二）工事之時日、（何年着手、何年竣工中間曾間斷否、）（三）建築技師及工事有關係諸人、（四）建築物之名稱、（五）築造之目的及用途、（六）建築物中之裝飾品又附屬品

之可注目者、（七）裝飾品等之捐助者（八）工事費細目、（九）預算與工事費之比較（十）建築物之大小間數、室之種類、（十一）落成式經過、（十二）重要出席者、（十三）演說祝辭、（十四）地基買入順序、如借地則記地主及地租（十五）餘興、（十六）工事有無未了處及完全可竣工時期、

4、閱兵式

（一）參加各隊之名與其隊長、（二）總指揮官、參謀長、（三）當日之天氣、式前之光景（四）參入式場各隊之模樣、（九）沿道及式場之觀客、（六）重要陪閱者（七）閱兵者（總統之）蒞臨之途中及到場情形、（八）式經過（九）分陪列式之光景、（十）有無意外事注意（十一）時刻始末、

5、葬式

（一）死者之姓名年齡、（二）死之時日、場所、原因、（三）送殯者之排場、（四）

葬前各事、(五)棺之種類、(六)送葬者之重要人及人數(七)葬儀之種類、(神葬、佛葬、又基督教等)(八)司葬祭之人、(九)葬祭場(十)葬祭式之經過、(十一)棺衣捧持者、(十二)天氣、(十三)埋葬地之來歷、與其一家之關係、(十四)埋葬經過(十五)花圈生花等之寄贈者、(十六)音樂挽詞聯語等、(十七)死者之傳記及家庭、(十八)儀仗有兵時則其隊名及隊長之名、(十九)死者之軼事及遺囑、(二十)記念物建造之計劃、(二十一)沿途觀者、

C 突發之天災地變

1、失火

(一)出火之日時地點、(二)燒失房屋之數及家之種類、房屋所有權關係土地所有權關係、(三)原因放火?過失?自然之發火?原因不明?

（四）如放火則查其動機、若自然發火則記其科學的原因（五）初發見時之情形及發見之人、（六）出動之消防隊、活動模樣、（七）天候風之方向及強弱、（八）火災地道路之廣狹地勢、（九）在附近之著名建物、及知名之人、（十）迫於危險之建物、（十一）人畜之死傷及應急手段有關係者、（病院、醫師警官慈善團體、）（十二）損害之保險額動產保險之有無（十三）止火勢之各種手段（十四）人命救助之模樣又救助不得之始末、（十五）燒失區域之廣袤（十六）水之便利如何、（河川之滿乾、水道等）（十七）家族之救護（十八）火事場盜賊之犯罪（十九）羣衆之模樣、（二十）警官之活動、（有關係之警察署及指揮官、）（二十一）放火犯人之逮捕未逮捕、（二十二）起火之爭、（二十三）火災後之再建計畫、（地主與借地人間之苦況有無、（二十四）罹災民安頓處、（二十五）罹災地之已往火災史、如

大火則與其他大火比較、

2、地震。

(一)震動之時刻、(何時)時間、(多少時)範圍、(二)地震之性質強度、(三)震源及地震之方向(四)損害、(家屋及其他建造物之倒壞半壞人畜之死傷)(五)罹災民之救護、(六)悲慘之罹災者、(七)罹災者避難之光景(八)在同地方前次震災之回顧(九)山崩龜裂海嘯餘震(十)有無前兆

3、暴風雨雪。

(一)風之性質、方向、速力(二)雨雪量、降雪降雨之時間、(三)溫度濕度、(四)道路、鐵道、電柱家屋等之破損、(五)交通機關所受影響、(六)堤防橋梁之破壞(七)鐵道電信電話等不通之個所、(八)劇場等所受影響、(九)因此而中止或延期之各事件、(十)警官郵差、鐵道員等之實驗談、(十一)

勞動者所受影響、(十二)食料品之供給上影響、(十三)掃雪之光景、(十四)風雨後街路之光景、(十五)罹災者之救護、(十六)學校之閉鎖、(十七)死傷者難破船之有無

4. 船舶衝突

(一)衝突兩船之名稱與積載物、(二)兩船之航程、(自何處至何處)(三)兩船長之姓名(四)兩船之大小(五)起衝突之正確場所、(六)受打擊部分之損害狀況、(七)兩船之航路、(通外國或通內國)、(八)風之方向、(九)所有者之姓名、(十)兩船之狀況、(十一)衝突之原因(十二)衝突之結果詳情(十三)死傷及乘船者救助之模樣、(十四)將衝突時之防範、(十五)相互信號之有無、(十六)濃霧、(十七)沈沒之船(十八)衝突後至沈沒之時間及光景、(十九)如爲汽船則機關等衝突之影響、(二十)兩船

水夫之數、(二十一)失命者之數及人名表、(二十二)兩船乘客之數、(二十三)兩船之船齡、(二十四)損害保險、修復之豫計、(二十五)船舶之歷史、(二十六)衝突時船客之恐慌、婦人與小兒、(二十七)救助信號、救命器救助船漂流者、(二十八)烽火、燈臺、(二十九)悲慘之逸話、(三十)勇敢之行爲、(三十一)破船中犬貓等之動物、

5. 汽車衝突

(一)肇事之時與地、(二)衝突之性質、衝突列車之種類、(客車?貨車?)(三)兩列車之前站發車時間及兩列車次站到達時間、(四)道路等破壞之有無、(五)事故之原因、(六)其之光景、(七)破壞列車之編成、(八)死傷者之數、(九)損害之狀況 (十) 死傷者之人名表 (努力敏速探得)、(十一)目擊者、又該列車乘客之談話、(十二)死骸收容之場所、(十三)傷者

之收容所、(十四)來援之醫師(十五)免災厄者之逸話、(十六)司機、火夫車掌等所取之處置法(十七)最甚損害列車之個所(十八)重要員司(一十九)最初來救助及其他盡力之人、(二十)乘客數(二十一)多數乘客之行程、(二十二)該路上已往之事故(二十三)重要遭難者之家族模樣

6、煤礦爆發。

(一)煤礦之名稱及位置、(二)爆發之時刻、(三)所有者、(四)礦之深度、(五)爆發之個所、(六)爆發之原因、(七)爆發之結果、(八)附近之人因爆發而起之驚恐、(九)最初赴現場之人、(十)當時在礦口勤務之人、(可訪問之)(十一)在各斷層勞動者之人數、(十二)當爆發時深在坑內之人數、(十三)救出之人數(十四)礦內煤之種類、(十五)採掘器械之種類、(十六)經理人(十七)監督者、(十八)坑內通空氣之設備、(十九)礦口當

時之光景、(二十)爆發發見時、最初之處置、(二十一)礦內探檢隊、最初入內之勇者、入內人數、入內深度、使用送風器否？探檢之結果、(二十二)煤礦之大小、採掘作業部分幾何、(二十三)以前有無爆發、(年月日)當時之死傷者數、(二十四)事變之際全部作業否？(二十五)此地方之鑛山監督官、(二十六)其助手、(二十七)日誌(監督者最後記入之部分)、(二十八)工人之種類、人數、(二十九)生死不明者之姓名、(三十)生存者之談話、(三十一)救護醫師、(三十二)死傷者中有妻子者、(三十三)最初持出之死骸、(三十四)死體之姿、(三十五)該死體運何處、(三十六)各方之慰問、(三十七)死體之數及不見之數、(三十八)死骸搜索之續行、搜索隊之姓名、結果、(三十九)其指揮者、(四十)鑛山監督官又警察官之蒞驗、(四十一)救出者之光景、(四十二)礦內之光景、(四十三)生存者及慘死者家族慰籍之設備(四十四)負傷者收容病院之情形四(十五)患者之附屬人、(四十六)最重負傷者之模樣、(四十七)死者之葬儀時日、(四十八)逸話、(幸得避難者)(四十九)巳確死者之姓名、(五十)死體檢案、(五十一)鑛外之光景、(五十二)關於爆發各種學說、(五十三)修復工事、(五十四)慰問品之施與、(五十五)義捐金之詳情、(五十六)鑛業之中止或繼續及一時停止、(如一時停止則何時可恢復)(五十七)救恤之處置、(五十八)社會之反響、(非常同情乎?罵鑛主之不注意乎?法律改正之聲起之否?)(六十)慘事之責任者、

D 各項警察事故之記載

1、暴行。

(一)被害加害兩者之姓名、年齡、職業、住所、家族、經歷、習慣、評判、(二)事件

之徑路、（三）原因動機、（偶然乎？熟慮之結果乎？）（四）暴行之方法、（五）場所日時、（六）事件之關係爲婦人則記其風采閱歷及寫眞、（七）告訴（八）被害者負傷之程度生死之鑑定（九）犯人捕縛之經過就縛時犯人之態度獨語又面色（十）裁判、

2、盜賊

（一）事件之時日場所（十一）發見者（三）積賊乎？素人乎？（四）現場之模樣出入之處（五）盜賊之侵入方法、（六）家內之防備（七）盜賊之逃走形跡、（八）爭鬭之有無（九）損害額高貴品物之清單（失單）（十）警察方面之行動（十二）嫌疑者、

3、同盟罷工

（一）公司組合工場及地方之名（二）工場等所有者及經理人之姓名

(三)罷工者之數、(四)以前該地罷工之有無時日及原因、(與今次比較)(五)勞動者方面代表之姓名、(六)今次罷工之眞因、(七)勞動者之主張條件(工資之削減不平及加資要求等)、(八)工場方面提出之條件、(九)勞動者與工場論爭之始末、(十)現在之工銀、(十一)勞動時間、(十二)勞銀及時間近來曾行改革否、(十三)他地方同一事業之工資時間比較、(十四)勞動者之團結力、(十五)勞動者中欲復歸作業者(十六)罷工至何時止之預測、(十七)勞動者已受之慰問品、(十八)前回罷工時之結果、(十九)與工場接洽總代表姓名、(二十)解決之前途調停者之有無、(二十一)罷工業務之種類產額及現況(二十二)新勞動者雇入之計畫(二十三)雇主等之威嚇(二十四)警官之處置召喚爲首者、(二十五)罷工之結果、(二十六)罷工者本部之光景、(二十七)工場方面之態度、(高

壓的平、情理的平）（二十八）罷工者罷工中之生活費所從出、（二十九）商業及公衆所蒙之影響、

4、傳染病流行病

（一）疫病之名稱原因時日場所、（二）發見者與發見之事情、（三）警察之警戒手段、（四）阻止蔓延之方法（五）遮斷交通家屋或船舶、（六）隔離者及發病者之總數、（七）死者、（八）關係之醫師及看護婦（九）避病院、（十）全治者、（十一）消毒法之各種、（十二）每日起新患者之表、（十三）死骸之埋葬火葬、（十四）以前之傳染病比較、（十五）衛生當局之病毒撲滅意見、

5、變死

（一）自殺？他殺？（二）被害者之姓名有無？（三）他殺則誰爲下手人

？（四）被害者不明之時現場及附近之光景（五）事件之詳細徑路（六）關係者（七）日時場所（八）殺人之方法（兇器？毒殺？）（九）殺人之動機（十）被害者之傷（十一）現場之光景（十二）如暗殺則被害者之性行感情交友保險之有無現場爭鬬之形跡鄰人之所聞（十三）刑事其他官吏姓名行動（十四）被害者遺族之談話（十五）被害者家族在慘事前後之動靜（十六）自殺者之姓名（十七）場所日時（十八）現場之狀況（十九）自殺之方法（兇器？毒藥？等）（二十）死骸之位置樣子外觀（二十一）自殺之動機遺書之有無（二十二）家庭及周圍關係之詳情（二十三）自殺者不知其爲誰則記死骸及服裝之詳情（二十四）異常自殺之方法可特別注意之事

E　各項雜事之紀載

1、裁判。(刑事)

(一)裁判所之名、(二)裁判長及陪席之裁判官、(三)檢察官、(四)辯護士、(五)法庭一般之光景、傍聽席傍聽人之數目種類、(六)被告人之姓名、容貌、態度、(七)犯罪之性質、(八)事實審問之光景要點、(九)證人參攷人之喚問請求、(十)檢事之論告、公訴之理由、(十一)被告人、辯護士之辯論、(十二)抗議、及聲請迴避、(十三)法庭內之珍事、(被告之滑稽答辯、辯護士傍聽人所發生怪狀)(十四)判決宣告之日期、(十五)有無上訴之觀察、

2、裁判。(民事)

(一)原告被告之姓名、職業、雙方之辯護士、(二)爭訟之事實及論點其他可與刑事同類推、)

3、注意。辯論或各執之問題不可爲預斷的評論

選舉。

（一）各候補者之姓名、所屬政黨政見一斑、（二）候補者之經歷寫眞、（三）各選舉本部之位置、（四）運動者之參謀及指揮官、（五）新候補乎前回落選或當選乎、（六）選舉人之利害關係、目下之主要問題、（七）運動之光景、區域、（八）運動之各種團體、（九）巧妙之運動方法、（十）重要運動者、（十一）選舉之日期場所（十二）演說會各家訪問（十三）違犯選舉法（十四）當選之預想（注意）、（十五）有力之推薦狀、（十六）競爭激烈乎、（十七）選舉之當日選舉會場內外之光景、（十八）立會人、（十九）選舉人來到投票之光景、（二十）前回選舉時之比較（二十一）投票總數與選舉人數比較（二十二）棄權者之多少、棄權之重要事情、（二十三）對候補者、

一般之贊否、（風采演說、）（二十四）應援選舉之婦人、（二十五）暴行、（二十六）投票結果、當選者次點者之姓名得點數、（若當日不開票則記開票預定之日、）（二十七）投票櫃輸送無事平安否、（二十八）當選者之宴會、（二十九）落選者之態度、（三十）當選訴訟、

注意—公平報告在選舉時爲最要、

4、銀行擱淺

（一）銀行名稱、重要職員、實收資本、公積金、（二）擱淺之原因、（三）存欵之重要者、多數職業及階級、（四）後援之大銀行、（五）兌現停止之期間、（六）存欵者之運動、（七）解決之前途、（八）債務之額、（九）欠人及人欠可收回之金額、（十）仲裁、（十一）暴行、（十二）銀行方面之態度、（十三）銀行之歷史、評判、前次曾有此事否、若有則比較之而記其冒險之方法、

5、演藝

(一)日時、場所、(二)曲目或藝題之解說、(三)如新作物則記作家之爲人、其他作品成績(四)如舊作物則記作家其他傑作成功不成功、(五)對作物一般之批評、(六)演藝之模樣、(七)看客之多少種類(八)看客之評判(九)最好評之俳優或音樂家、(十)舞臺、幕、音樂、

右記各項大體係引用日本楚人冠君所著之新聞紙學、惟去其與我國習慣相距太遠者、讀者得此亦可以知裸體新聞搜集方法之要點矣、

十二　原稿之外觀的注意

上所述者、爲探索新聞材料之理論與方法、外交記者探得消息而後、尚須製成原稿、送諸本社、備編輯部之採用、外交記者職務之範圍至原稿製成之時而止、是猶之繅絲與紡紗織爲綢緞布疋自成片段、以備製衣者之剪裁、外交記者爲

紡織工、編輯記者爲裁縫工也、茲先就製成原稿外觀上應注意之點加以說明、

A　無須修正之原稿

新聞社中所最寶貴者爲時間、若原稿皆不合用而須加多大修正之功則費時必多、使編輯部大感困難、且如製衣之糟塌材料、兩方皆不經濟也、故優良的外交記者所製之原稿、以不必修正而即合用爲原則、方能卽日發表、不至延誤時間或被他報捷足先登、是外交記者一面有探索消息之任務、一面又有製成佳稿之任務、既須長於交際、尤必有優美敏捷之文章、所謂『倚馬可待、下筆千言』亦外交記者應具之能事也、

B　行書清晰之習慣

我國自命能文之所謂名士、每喜作怪癖草書、以他人不易識別爲其架子之一種、此類人最不宜於製載報紙之原稿、故外交記者必養成行書筆畫清晰之習

慣、夫原稿之字體、固不以如何佳妙爲貴、而惟以下筆甚速又能使排印工人字字辨識爲原則、否則誤排之字必多、大費校對部之時間、或有時絕對無從揣想其爲何字、必持稿以詢編輯之人、此中周折、豈非生出許多無謂之困難、與時間之不經濟、校對者稍不注意、誤排一二字、即足使新聞大減其價值、且亦有因誤一字而意義相反、發生大問題者、以愚所見、略能文章者、大半皆好書怪字、仍由其不知此中甘苦、而未得教訓故也、報紙上之誤字、既足使讀者不快、即作者亦甚感其無味、故外交記者不可不力矯怪字之癖、就愚自己所作之原稿言、無論如何匆忙、但必料工人可以辨識、略有疑問者、即寧另書一字而不肯偷惰、此一動筆之勞、發表於報紙之文辭、鮮見有誤字者、此層有大關係、愼勿以爲外觀之無足重輕而忽之、

C 留編輯者增删之餘地

外交記者之原稿、編輯長有用否或增刪之權、故原稿必留編輯部增刪之餘地、其標題之前、必有數行餘紙、預備更換標題、或加入提綱挈領之小題、而原稿之中亦必每行距離稍寬、約兩行間皆留一行之隙地、則凡增加數語或加大號字之標記、皆可綽有餘裕、又寫法必依本國文字之格式、凡用鉛筆或書橫列如西文者、皆極不宜於排印校對、此種強學歐風而不顧排印工之困難者、皆屬毫無經驗之人、實青年之短、不足取也、

十三　原稿內容之注意點

製成原稿外觀上應注意之點、已如上述、而內容爲尤要、蓋探得各種消息、尙記憶於腦中、必製成原稿、方爲有用之材料、原稿如工場中之粗製品、再經編輯部之潤色裝飾、即成可以發賣之精製品矣、茲就原稿製成之前後內容應注意之點、分述如下、

A　時間與篇幅之長短

新聞之內容價值半係於時間者也、例如在前一時有價值者、閱一時或見他報已先發表、即無價值可言矣、然則此項原稿何時應送達於新聞社乃必須嚴守者、（遲則不能上版、）又原稿之長短、在遠處者固隨通信員之便利、若在本處則有先與編輯長接洽、限定在若干字數以內者、蓋過長則又須犧牲他稿、而延長時間也、歐美之大新聞通信員、即在他國、遇一重要事件發生、亦有先發簡單之電、以待部長之訓令而後定續電詳略之程度者、故各國之外交記者、關於原稿之製作、（何時以前須用、及以若干語爲限、）每先與編輯長接洽焉、（我國則未講究到此）

B　新聞大小標題之注意

新聞原稿之標題、與新聞之價值大有關係、現在最新之方式、每注重標題之法、原稿之優劣亦即於是判焉、第一爲大標題、最好在十餘字之大標題中、即能將新聞要素顯出其大半如時日人名地名結果等、若能大標題中顯示則既可以引起讀者之注意、又可使最忙之讀者一覽大標題而即知大概或不必全閱內容例如京報最近所載、『保定會議之結果津派握政權』僅一大標題中、已有數種要素顯出矣、理想的大標題、最好能將新聞之全體籠罩、最忌者爲我國上海報紙所最喜用之『某事昨聞』或『某案續訊』讀者一見即倦因此種標題最易新聞記者可毫不加思索、亦不必將新聞內容咀嚼、即隨便寫一個『昨聞』『續訊』也、若爲注重標題者、則無論此事已連續若干日、而必舉當日此事新發展之點用作標題每日不同以醒閱者之耳目、又如新聞甚長、不易爲籠罩一切之大標題者、亦可單揭出其中最要之一點作爲標題、總之以引誘讀者非看不可、且使最忙之人能省時間爲要義、其次爲小標題、所以輔大標題之不足、每一大標題之下、可用三四小標題、將新聞之各要點揭出、亦必含有上述之要義、使最忙者涉獵大標題、次忙者涉獵小標題、稍閒者可讀新聞之前段、閒暇者則可讀新聞之全部、故作原稿大小標題者、必多閱各國新聞之新式樣、且國文程度亦高、否則不能提綱而挈領矣、

C　新聞前後段之敍述法

閱報之人、大抵皆匆匆過目、遇有甚長之新聞、早晨必不能一一全讀、或留至晚間飯後再細細讀之、故原稿對於新聞前後段之敍述法、有須爲讀報之人打算者、於大小標題注意之外、將第一段爲大概之敍述、以後再敍遠因近因、如早晨無暇全讀者、閱第一段而已足、歐美日本進步之報紙、現在大抵皆用此法、非但便於讀者、且有時稿件忽然擁擠、例如臨時寄到非即日發表不可之稿件、則甚長新聞可即將其後半幅臨時撤去、亦依然自成爲一段落、不必全易原稿之內

容此一舉而數善備之方法也、

D、外交記者之腹稿

本書屢言時間宜爲新聞記者所最重視、因新聞與時間之關係太密切也、外交記者若赴遠處探索消息、歸而製成原稿寄諸本社、欲求下筆之迅速、不可不有腹稿之準備、腹稿者猶數學家之心算、可以省却若干時間者也、有能作腹稿之習慣者、歸途之中即可將探得各種事實爲之整理、何者敘述在前、何者敘述在後、及抵寓所可立出紙筆一氣呵成、無事修改、蓋思索與措詞及修改之功皆在腹中爲之、自比他人省却大半之時間矣、

E、隨地皆可製稿 黃遠生

外交記者須有不擇地而製稿之習慣、無論舟車之中、宴會席上、戲劇場裏、他人縱如何喧囂煩擾、而外交記者之頭腦冷靜自若、故隨處皆可製稿、已故申報駐

京記者黃遠生君、『遠庸』其通信爲一般人所愛讀、爲有名之通信員、『黃君赴美被狙擊而死、人疑其與項城有何關係、實則黃君爲反對項城而去國、其死實冤也、愚之初次來京、卽接黃君之申報通信職務者、』黃君無論在何處皆能撰稿、申報通信往往成於宴會席上、乃新聞界可惜之人才、總之外交記者之頭腦、必時時冷靜、故不畏煩擾而隨處可以製原稿焉、

F　有觀察而無批評

新聞以不加批評爲原則、蓋外交記者之職務、只在供給消息、若批評則評論記者之事也、故外交記者之報告消息、純爲客觀的調查所得之實狀、而不以主觀的意志左右之、或處材料之過於乾燥、則可略加觀察、以預期此事前途之如何發展、此固必要之事、非有學識眼光經驗者不能爲此、然有須注意者、卽萬不可未明周圍之各種情形、而遽加以一定如何之武斷、以愚所見、則北京報紙每喜

犯武斷之病、或有時新聞明明錯誤、而必設法自護其短、不惜變更事實以求與彼之主觀的意見一致、此實至愚之事、蓋世間萬事各種現象之呈露、我無一一命令指揮之權、外交記者、惟信奉事實、盡我探索報告之責、不然、即易流於廣告的意味之弊、有隳新聞之信用與價值矣、總之、新聞原稿之精神要素、在簡潔明快、以眞實爲骨幹、而以興味爲血肉、非容易之業也、

十四　餘白

上述十三章、都若干節、若干項、關於外交記者之部份、殆已盡述其要點、惟憾所學不多、又爲時間所限制、未必有大裨益於諸君耳、手民來告、尚有餘白一二頁、遂更錄無關重要之一二事、以慰讀者之辛勤焉、

A、愚與我國新聞界之關係

愚之絲毫無所建樹、濫竽於新聞界者十二年矣、自浙江高校畢業而後、曾爲中

（飄萍十年前主浙江所辦之漢民日報）

漢民日報

民國二年五月九日

律師許壬 法律事務所

浙江律師蔡英事務所

敬謝西醫陳景仲先生

學高小等國文歷史教員之生活者三年、即兼地方報紙通信之職務、因此關係、辛亥革命之歲、遂與杭辛齋君、經營浙江之漢民日報、忽忽三載、日與浙江貪官污吏處於

反對之地位、逮捕三次、下獄九閱月、最後漢民日報遂承袁世凱之電令而封閉、於是有東京之遊、設東京通信社、

爲京津滬漢著名報紙司東京通信、適當日本提出二十一條之際、以議論激越、惹日本警察官吏注意、袁氏稱帝進行最烈之日、因滬友電招而歸國、又以東京通信之關係、居滬爲申報時事新報時報執筆、袁氏敗死、乃以在滬執筆之關係、來京爲申報駐京記者、彼時上海申新兩大報專電不過日一二百字、愚乃與申報先約擴充專電字數爲每日五百、其後新聞報起而競爭、今則滬報專電幾佔二三版之全部、此上海報紙進步之一大階段也、彼時北京之報紙、幾無重要有系統之新聞、愚以他國人在我國有通信社、率任意左右我國之政聞、頗以爲恥、乃首創華人自辦之通信社、(即北京新聞編譯社)閣議之大半公開、蓋始於愚所首創之通信、曾與當時某某閣員力爭得之、今乃通信社以數十計、北京報紙之內容、與前大異其趣、是又北京報紙進步之一大階段也、至現在所辦之京報、因個人力薄、爲經費所困、尚無足稱、請俟異日耳、

B　外交記者之待遇與內外互勤

書至此忽思及一重要之事、爲前述所遺漏者急補入之新聞內容之改進、惟外交記者是賴、故本書極希望青年學子勉爲外交記者、而我國報社對於外交記者之待遇問題實有研究之必要者也、愚意第一報社中人當先除去輕視訪員訪事之陳腐觀念、與編輯記者認爲同一重要、有時且應駕而上之、第二則報社對於外交記者之俸給務宜逐漸加厚、藉以不墮高尚之品性、俸給之多寡當視其地之生活費交際費娛樂費中等以上之程度爲準、此爲大有關係之一問題、最後更有一種提議、各國新聞社編輯方面之一二重要人才每用『內外互勤』之方法、二年或三年、令外交者歸爲編輯、而編輯者出爲外交、（此就一二最要者言）蓋永遠在外過於辛勞、永遠在內久則不知外間之空氣、編輯人實有在外活動之必要也、其餘編輯營業方面之事、俟稍有暇日、當再爲諸君述之、

(民國十二年八月十日北京)

●署名制度之又一意義

本書關於新聞記者『個性拋棄』之一節中、對於新聞紙上一切論載之署名、不積極主張、亦非絕對反對、惟討論此項問題、頗有正面反面之種種理由、因之事實上各國之報紙亦不一致、不署名制度之流弊、埋沒記者個人之名譽、恐不能吸收有爲之人物、而記事或流於無責任心、故德國之大新聞、頗有採用署名制度之傾嚮、又著名記者之署名、與新聞之定讀性(Reading Habit)亦有關係、凡愛讀某氏之論載者、可按名而求之、惟本書之所謂個性拋棄、乃就『英雄主義』已過去之時代及專以新聞社爲本位而言、今尚未能用完全不署名制度也、

●新聞消息是否爲商品乎？

今世界自路透社以下有許多通信社之組織、其資金達五百萬元以上、以新聞消息之買賣爲事業、於是乃起一極有興味之大問題、即新聞消息果可認爲商品否乎？之問題是也、若認爲商品之一種、然新聞消息乃無形而無物件之存在者、各國中遂起不少爭論、至一九一六年之末始得一新判決例、是年美國之聯合通信社控訴國際紐斯社、謂該社盜用其新聞消息、提出種種證據、大審院最後之判決、則斷定新聞消息乃以獨特之勞力及資本而取得者、他社不得盜用之、於是新聞消息之營業、乃與其他商品同受法律之保護焉、

附錄 日本普通新聞學序

愚述『新聞材料採集法』既竟、於舊篋中見有普通新聞學一卷、乃愚數年前留東聽講於日本新聞學會講義之一種也、其中所敘述者爲普通新聞學之大概日報之外、兼及雜誌、雖極簡單、亦應有盡有、惟此種講義、乃所以授日本之學生、故所引者皆爲日本之事物、中日兩國以同文關係、新聞體例相同之點甚多、則作爲我國初學者之參攷、亦無不可、且以是可略知日本新聞界之情形、爰命社友周吉人君譯之、舍弟邵新昌君爲之校對一過、周君係直譯、所遺留日本名詞頗嫌其夥、然困於時間、無暇更易矣、付印之日、畧書數言以介紹於讀吾書者、

民國十二年八月十二日　飄萍在北京京報社總編輯室

◉以送飯探知死刑

日本幸德秋水君之獄、同謀者皆處死刑、將執行之日、各社略得消息、而不知其究竟、各社外交記者齊集於監獄課長處、課長否認之、惟某外交記者則奔赴一向供給犯人飯食之飯店、謂「請備飯送與幸德等、」該店遵命送去、返報云「已送入矣、」某記者乃知幸德等並未處刑、至晚復往、仍囑送飯入獄、女店主私告之曰、「頃曾送去現復退回矣、」某記者問以「盡退回乎？」曰「退回六份、惟管野須賀子者未退回也」某記者即往附近棺木舖證之、知抬入棺木六口、某報遂發號外、「幸德等六人傍晚已處死刑、惟管野氏之處刑尚有待」號外發出後、可憐之許多無用記者仍尚守候於監獄門外而未得要領也、

附錄　日本普通新聞學目錄

第三章

第九章　雜誌之作成法

第十章　雜誌記者之苦心

附錄 日本 普通新聞學

周吉人譯
邵新昌校

第一章 新聞紙之作成

第一項 新聞社之組織

新聞社分爲編輯部、印刷部、營業部三大部。校正部、屬於編輯部。活版部、寫眞製版部、及鑄造部、屬於印刷部。廣告部、與發送部屬於營業部。編輯部集記事之材料、作成原稿、並整理新聞之紙面。校正部由編輯部接收原稿、依其應屬之紙面而區別之、附以順序書轉送活版部。所謂順序書者、乃於新聞紙之每面上、記入原稿之標題活字之大小、行數之多少之類。活版部始照此原稿檢活字組成校正刷、校正刷則由校正部訂正誤字後、再送於活版部更換訂正之處、如斯往返於校正部與活版部之間、直至校了爲止。於是乃聘成大組。所謂大組者、乃將分成各事項之活字組版、照順序晉組合於新聞紙之各頁之謂。此大組則由活版部轉鑄造部、使合紙型作成鉛版、再送印刷部。印刷部則用此鉛版及輪轉機卷取紙印刷新聞紙、如是作成之新聞紙、乃由印刷部送於營業部、更由發送部用自働車貨車送於停車場或販賣店、然後達於讀者。無論新聞爲四頁爲八頁爲十二頁皆依此組織而發行。統轄此組織全局者爲社主及社長、次於社主及社長者爲主筆及編輯長各方面之記者、則隸於主筆及編輯長之下、而形成編輯部、是爲新聞社之主腦部。

第二項　編輯部之組織

現今日本代表的新聞社之編輯部、分爲內勤與外勤。更有論說部、經濟部、政治部、商況部（此部除大新聞外概併於經濟部內）社會部、通信部、外報部、調查部、文藝部、學藝部、家庭部等詳細分別。

內勤　新聞界呼之爲編輯、亦呼爲編輯部、是編輯部之名稱、有大小二種意義、然通常僅稱編輯。內勤所司之事、爲彙齊各方面之新聞材料而整理之、取捨修正添削之後、附以標題、並定活字之種類及大小與記事之前後、紙面之順序等。

外勤　亦稱外交、其任務乃赴各方面訪問探索、遇有新事件發生、則實地調查裏面偵探、將其所得材料供給於編輯。

論說部　專作社說論說之原稿。

政治部　管理財政、政治、外交、交通、教育、宗教、陸海軍等諸問題。

經濟部　管理關於民間種種經濟機關（股票米穀銀行會社）之情形、一般商業之狀態、及國家之經濟等新聞、蓋新聞者謂新問題也。

社會部　與往日之三面相同、管理關於社會日常生活諸種事件之報道、多以警察事故爲主。

通信部　整理派往國內各樞要地及朝鮮滿洲等地通信員由電報電話報告之材料而作成原稿、並司配置監督通信員之任務。

外報部　翻譯外國電報、及一切新聞雜誌。

調查部　凡遇事件發生、則供給與事件有關係之土地及人物等之參考（圖書、照像、記錄、傳記）於編輯、故常保存種種書籍新聞雜誌照像等參考品、區分種類、作一索引、以備隨時取用。

文藝部　管理文學界及美術界之新聞。

學藝部　管理新聞以外之知識、種智識係指科學之研究專門家或名士、對於特別問題之議論、小說新刊之紹介等而言。

婦人部　亦名家庭部、管理關於教育生理衛生及衣食住之記事。

以上各部中須有最重要之外交者、為政治部、經濟部、社會部、此等重要之外交、常受編輯之指揮監督、而活動其所得材料與他部供給之材料（投稿者社友之原稿在內）相合、經編輯之取捨整理而為記事、載諸四頁或十二頁之新聞紙上。

「硬派」與『軟派』

今日新聞社組織中、使用四頁新聞時代之慣用語、已成習慣、然事實上無存在之理由也。而地方新聞社之編輯部尤然、『硬派』『軟派』及『一面』『二面』『三面』等區別名稱、至前述某某部之名稱普及之日、或將作廢、而今日未可謂為全然不必要也。

○硬派　一面二面之担當部、即含今日之論說部、政治部、經濟部。

○軟派　謂三面之担當部、內含今日之社會部、文藝部。

○一面　揭載社說論說及學藝部智識之紙面、即新聞紙之第一頁。

○二面　政治部經濟部之記事面、即新聞紙之第二頁。

○三面　社會部之記事面、即新聞紙之第三頁。

幹部及主幹部

爲編輯部主腦之編輯、由一社之幹部代表之、幹部者、謂主筆編輯長各部長及副部長等人。副部長爲發行朝刊夕刊之社、因晝夜須有更代之必要而設者、幹部中最高主筆、名爲主幹。

新聞挿話（！）

『第四帝國』法國某政治家云、國家之力有四。第一爲王、第二爲上院、第三爲下院、第四爲新聞、四者相合始成一種統治國家、並能作成法律之力。美國有一種雜誌、名爲「第四帝國」、又卡賴兒論新聞記者之任務云、日向國民說教、向國王進諫、言宣傳戰爭與和平、其權威殆如昔日之改革家、若羅馬法王也、現代之新聞、其有力而不可缺、蓋若是、然則今日之新聞無益論因何而起乎？蓋因新聞之勢力太大、而其主體不定之故、此爲新聞記者首當注意者也。（千葉龜雄氏言）

第二章　新聞記者之種類

第一項　內勤記者與外交記者

內勤記者之範圍、內中包括主筆、編輯長、論說記者、政治部長、經濟部長、社會部長、通信部長、外報部長、學藝部長、文藝部長、婦人部長、各部之外交部長、及各部之編輯助手。

外交記者　有遊軍與常務之區別、遊軍亦稱遊擊、為大事件突發之時、為得特種材料而活動之預備記者、平日則無一定之事務。常務為每日奔走於社外各方面、或就一定之部署者也。常置外交記者之範圍內、有政治部外交、經濟部外交、社會部外交、文藝部外交、婦人部外交等。政治部外交之中、含有政黨記者、議會記者等。社會部外交中、含有相撲記者、運動記者、飛行記者、演藝記者等。此外尚有繪畫記者、則為獨立的記者。然此等區別、亦非確定者。凡遇影響社會之大事件發生、政治部記者亦常為社會部記者、社會部記者亦常與各方面之記者協力活動、又內勤記者亦有時當外交之任、外交記者亦常從事編輯。故各記者之任務、決非一定不變、而為極易通融者也。然平時各任一定之事務、則為分業的勞力。

第二項　主筆附論說記者

吾國主筆。常占新聞記者之最高位置、據上所述、主筆似為編輯之一員、然嚴密區別之、不可不置於編輯以外之特殊部分。新聞記事之重要者、為新聞之報道與論說、編輯部之大部分、從事於蒐集、整理新聞之事、編輯即指此任務而言。至論說則由主筆及少數之論說記者担任之、論說中代表一社之論說者、名爲社說、作社說是爲主筆之任務、在內則整理紙面、而定編輯之根本方針、監督編輯部。在外則代表一社。故主筆不可無高尙之人格、宏博之學識、經世的眼光、與暢達之文才也。

論說記者。爲主筆及隸於主筆之下作論說之記者之總稱。依次更代執筆、主筆所作的稱爲社說、他人所作的稱爲論說、論說皆附筆者之署名、論說記者中有以論說爲專門者。又有屬於政治部或經濟部而隨時發表自己得意之議論者。

第三項　編輯長

編輯長爲處理一切編輯上之事務、直接指揮監督編輯局員、亦自當整理紙面之任務、蓋一社之新聞、其材料充實、記事敏速正確、能博社會之信用、全賴編輯長之手腕、雖有有才之記者、而無善於運用之編輯長、則不能作成絕好之新聞。是以編輯長不可不爲一有人望品格統率之才能、寬闊之態度、周密之思慮、而且能活動之人。因其常與營業部長協力參與一社之經營、故又不可無調理機務之才能、要之編輯長少爲文墨之事、多從事於事務方面者也。至於指揮督勵記者、使得優勝他社之好材料、則須有豐富之經驗、與他社競爭、增進社會上之勢力、則須有機智與敏腕。

第四項　政治部記者

政治部內除政治部長外交部長編輯助手之外、尚有遊軍與常務二種外交記者、其總數約十五名至二十名許。

政治部長及外交部長

政治部長對於政治部之報道、有直接之責任、監督內外之政治部記者、檢閱其原稿、並輔佐編輯長整理新聞紙之政治部面。發行朝刊夕刊之社、則有二名之部長、一爲部長、一爲副部長、又有政治部長兼任經濟部長之社、政治部之外交部長、輔佐政治部長、指揮督勵外交記者、並利用餘暇時訪問主要之人物、議會開會中則往傍聽席記者休息室監督外交記者。

政治部外交之遊軍記者

每遇政治問題發生時、探索表裏之秘密消息、或當問題將起之前能豫知之、此乃遊軍之任務、所謂蒐集特種材料是也。新內閣之閣員未經公布之前、即速行探知、先於他社發出號外、亦賴遊軍之活動也。政治部外交之遊軍、須採用手腕敏捷、且須精通政界情形、人格見識俱優之人、方能勝任也。

政治部外交之常務記者與俱樂部

政治部之常務外交記者、有二種之區別、一爲常駐於各官省廳役所者。一爲專於造訪名流、詢問對於一種問題之意見者。東京各官省常駐之外交記者、爲謀互相之便利起見、設立團體的詰所、名爲俱樂部、其所在地及名稱臚列如次。

首相官邸……永田俱樂部
內務省……大手俱樂部
外務省……霞俱樂部
海軍省……黑潮會
陸軍省……北斗會
宮內省……坂下俱樂部
司法省……司法記者俱樂部
文部省……竹橋俱樂部
警視廳……丸之內俱樂部
府廳……武藏野俱樂部（社會部）
市役所……市政記者俱樂部
鐵道院……鐵道記者俱樂部

此外參謀本部、各國大公使館、以及各政黨本部等處、亦設有俱樂部。每日各社派往記者一人、作報告書類、此等常駐之外交記者、依官省之別、又分爲司法記者、宮內記者、市政記者等。然有以一人担任二三省之社、是因人員經濟之故。若有事件突發、則中心之官署必置常駐之記者、因材料隨時可以發現、更加派外交記者、注意不怠、倘遇有問題重要之時、則另選派有力之外交記者前往探索之。

政黨記者

政黨記者有政治部常務外交記者之任務、實兼常駐訪問遊軍三者而占獨立的地位者也。常駐各政黨（政友會、憲政會、國民黨等）蒐集黨報報道黨員及領袖之動靜、成政治部外交之中堅。政黨內閣既行於今日、則政黨乃政治之淵源、故各社不問其爲政黨之機關新聞與否、皆使外交記者中之手腕家、就政黨之任務也。

議會記者　在帝國議會開會中、由各新聞社派往上院與下院者也。或筆記本會議之議事、或注意各種委員會、或作有興味之寫意畫、或蒐集關於議員之逸話、或訪問各派議員之控室、又報道議場中各種事件、議會裏面之秘密運動、及議會解散、至議員改選之競爭、政治部長及政治部外交部長由遊軍常務之外交記者中選拔議會記者、極爲愼重。因此種記者、須熟悉於閣員政府委員及兩院議員之人物、經歷持論、須明各政黨之歷史、黨員之政見、與政治界之智識、且須頭腦靈敏、冷靜觀察故也。欲爲議會記者而舉成績、至少須在議會實地經驗五六年。議會記者於議會閉會中、則當負遊軍記者或政黨記者之任務。

經濟部記者

經濟部內有經濟部長、外交部長、編輯助手、其總數在十名內。外經濟部長及外交部長之職責、與政治部之兩部長相同。然經濟部獨立之新聞社、極屬少數、經濟部概屬於政治部、稱為政治經濟部、惟現時此部之獨立、將來必可望普及也。

經濟部外交記者

經濟部外交記者中含有二八之商況記者、專採株式米穀取引所之新聞、其他大抵歷訪大藏省、會計檢查院、農商務省、商業會議所、各銀行、及其集會所、郵船會社、及三井三菱各會社、或蒐集關於財政商況經濟之新聞。

第五項　社會部記者

社會部記者活動之範圍、比之政治部及經濟部之記者、非常廣大、在實際上讀者注意之大部分、往往在社會部之記事、因此社會部記者之人數、較他部為多、其任務亦分為種種方面、社會部長外交部長之下、有七八名之編輯助手、三四名之遊軍記者、二十名內外之常務外交記者、及數名專門的記者、普通之社會部、即由是組成。社會部面之編輯、爲各社最費苦心之處、故編輯助手較他部爲多、遊軍記者亦較政治部等爲多。要之近來社會部方面、不僅記載往日之所謂三面記事、屬於硬派之政治經濟宗教教育等材料、亦列入社會部記事之中、執是以觀、社會部記者、實兼各部記者之任務者也。

社會部長與外交部長

社會部長定各方面外交記者之部署、指揮其活動、因誘惑之機會甚多、監督不得不格外盡心、又督勵內勤人員、作成正確而有興味之社會部面、其善作記事之才、可使外交記者蒐集之材料、活躍於紙上、其銳敏之官能、可搜出絕好材料之所在、其眼光可以洞察事件之裏面。社會部長之責任大概如是、外交部長則輔佐社會部長、使外交記者敏捷活動於各方面、且巧爲統御之、啟發之、或與以暗示、爲外交記者之直接指揮者。又遇重大事件突發之時、則指揮社會部之遊軍記者前往探索之。

社會部外交記者

社會部之外交記者、有遊軍與常務之分。常務又分常詰與歷訪二種、突發事件（如同盟罷工暴動陰謀疑獄等）發生之時、則遊軍承社會部長及外交部長之指揮、探訪特種材料。議會開會戰爭開始之時、則被選為議會記者、或從軍記者、政變內閣改造、則探索此面之消息。

常務外交記者常駐之所、大半設於宮內省、警視廳、市役所、鐵道院、裁判所、憲兵本部之社會部記者俱樂部、此等官衙中不屬政治部所管之材料極多。又政治部之材料、有時可作社會部之材料、有種新聞社置專屬之記者於警視廳及裁判所、餘則使一人兼任兩處或三處、鐵道院與東京驛、只派一人、市役所與憲兵本部、亦僅派一人、是因地理關係也。

常務外交記者、每日歷訪之處、及應集之材料、大約如次。

氣象臺＝天氣豫報、並其他氣象上之事。

天文台＝天文上之研究、以及事故之報告。

地震學教室＝關于地震噴火之報告研究等。

警察署＝轄管地之警察事件。

大飯店＝關於賓客夜會宴會之事。

圖書館——讀者借出書籍之種類。

監獄署——關於收監囚人生活出獄死刑執行等事。

學校——帝國大學及設立公私各學校教授之進退、學生之入學卒業、及新設備新計畫等。

此外則隨時訪問養育院、孤兒院、銀行、會社、博物館、動物園、消防署等處、唯各種俱樂部乃各界人士娛樂之所、新聞記者除有特別事情外、概不常至。

第六項　屬於社會部之專門記者

社會部外交記者中有專門智識者、能擔任二三特殊方面、如相撲運動飛行機及演藝等類、皆須有專門智識、及賞鑑眼之人、方可報道之、批評之、紹介之也。

相撲記者、

報道力士之消息、角力界之新聞、爲相撲記者之任務。各新聞社之酬相撲記者甚優、而平日無所事事、則使之從事於相當之事務、因春秋二季舉行相撲之時、彼之記事、大可以引起讀者之興味故也。相撲記者所作記事之良否、實影響於購讀人數之增減、相撲記者爲對於相撲有興味而精通此道之人、先觀出演前之稽古、相撲觀察各力士之伎倆、體力氣力之變化、與出演時相比較、並細觀各力士之勝負而報道之。又場內之雜觀、與休息室內之側面觀、亦須有興味極深之記事。停演之時、又須報道各地演技及力士之動靜。勝任之相撲記者、實爲一社之特色、不僅見重於社會部已也。

運動記者與飛行記者

運動記者擔任關於野球庭球柔道擊劍以及海陸運動競技之報道、宜採用對於運動方面足有興味及鑑識之人。

飛行記者爲社會部中新產之人、將來飛行機之發達、與利用之益盛、爲可預測之事。故飛行界之新聞、亦爲社會部之重要材料、各社皆採用有科學素養之人、爲專門飛行記者。各社之飛行記者、每於所澤陸軍航空隊、追濱海軍飛行隊、及民間飛行協會等處、組織飛行俱樂部、而從事調查焉。

演藝記者

演藝記者中實含有一種專門之評劇記者、然亦有幾種社之演藝記者擔任評劇及各種音曲與電影之紹介、則不更加以區別、此等記者之應具專門智識、與相撲記者運動記者無甚差異也。

第七項　通信部記者

通信部有通信部長與三四名之助手、蒐集各樞要都會商埠軍港各地之特派員或特約通信員寄來之材料取捨之後、加以修正、作成適當之記事及各地通信員囑託員之配置指揮監督等事、皆爲通信部長之任務。

第八項　外報部記者

外報部記者、包括外報部長及助手三四名、翻譯國外通信社及通信員發來之電報、又從外國新聞雜誌中覓有用之材料譯出之、外報部長又爲主宰一切之人。

第九項　調查部記者

調查部記者之任務、最近於事務的、除我國日本幾家首屈一指的大新聞社外、能獨立者甚稀。調查部人員、台部長與助手約在五人內外、將來新聞發達之時、必成繁忙主要之部、部員亦必增多。今之美國各大新聞社中、該部之人員、約在二十名內外、晝夜辦事不息云。有外國名士游歷之時、則依索引尋出其小照及經歷等、以供編輯之用。地方有問題起時、則調查關於該地之智識、或知名之士作古之時、或須紹介地方風俗偶裁各國風俗之時、則須供給可爲記事參考之繪畫小照記錄、新聞紙所需之一切參考品、皆分類作一索引而保存之、調查部長自爲一部之主宰、部長之手腕、影響於編輯之體裁、記事之彩色與興味者甚大。調查部之完備與否、亦爲紙面消長之表象。

第十項　文藝部記者

文藝部中除文藝部長助手及文藝部外交記者之外、又有美術記者、及音樂記者、人數比他部爲少、普通在二三名內外、因文藝部面之記事、爲純粹新聞者極少、揭載社外文藝家投稿之時居多之故、至文藝部長之任務、亦與各部長不同、無須新聞的活動也。此乃現在我國文藝部之狀態、將來或大有變化亦未可知。文藝部外交記者、常於文藝消息欄中記載藝術家之動靜。例如

△大町桂月君　現在自飯坂溫泉至鹽原方面之旅、次豫定深入福島內地云。

△竹久夢二氏　現登溫泉嶽。

又豫告文藝雜誌之記事、與蒐集文藝出版界之消息、亦此部外交記者之任務。遇有一種問題起時、則須訪問文學家與美術家、然時間的競爭不甚激烈、故不必有甚大之活動。美術記者、音樂記者、亦與此有同

一之傾向、實屬一種特殊之外交記者、有類於相撲記者運動記者飛行記者也。

美術記者　管理美術界之消息、及議論美術展覽會開會時、最需要活動也。

音樂記者　爲關於鋼琴胡琴笛琴等樂器、及各種音樂有專門智識之人、管理音樂會、及一般音樂界之新聞。

第十一項　學藝部記者

學藝部有部長助手及外交記者等、合計不過三四名、關於學術研究問題、時事問題、則可詢諸大專門家、作成記事。又從事於科學工藝上之發見發明之紹介、及新刊圖書之批評紹介、與文藝部同爲不重要之部。

第十二項　婦人記者

婦人部或稱家庭部、有部長編輯助手及外交記者三四人。此乃讀賣新聞出有婦人附錄之例、普通則有外交記者二人而已、但記者多爲婦人。

婦人部長觀察社會所起之事件或問題、作成記事、載諸社會部面、與他種記事之爲事實之報道相反、常含一種批評與暗示、注意於指導婦人機會。例如當米價騰貴之時、外國運來之米雖其價甚廉、而其味不佳。購者極少。則調查外國米產地之炊法食法、惡疫流行之時、則調查其豫防方法、揭載新聞紙上。又揭載有興味與實益之家庭的記事、如教育衞生結婚育兒交際割烹裁縫等記事、以圖新聞紙面之調和。故部長之趣味性質、不可不豐饒也。

婦人部之外交記者承部長之命令、出入名流之家庭、或赴宴會夜會等、報道交際界之消息、或調查關於婦人之特殊問題、將其材料作成印象的文章、婦人部之記事、較他部之記事實有興味、故非顯出外交員之印象不可。訪問之材料、亦不委之他人、皆親自執筆作爲記事也。

第十三項　編輯助手

編輯助手普通屬於編輯長、助理紙面整理上之事務、例如計算記事、究占新聞紙面之幾何、修改外交記者之文章、記事過多則縮之、過少則增之、並作一順序書、遵編輯長之命、管理原稿。若記事之整理、又政治部與社會部皆將該部範圍內之記事、先行編輯一次、然後送交編輯長、故各有專屬之助手、當有同樣之任務也。

第三章　新聞記者之苦心

第一項　新聞記者之生命

新聞記者之苦心、為其生命、為其任務之中心點、可由是而生、可由是而死、惟愉快乃苦心之結果。新聞記者之苦心、實其愉快也。

第二項　為趣味之苦心

近來之新聞事業、漸次傾向營業的、其事務已成職業。然對於新聞記者無趣味之人、則不能作成有生氣之新聞、能以新聞記者為天職、殉於其使命與主義、此乃新聞記者之真面目。

不惜自出費用　新聞記者從事己所担任之事務、而得相當之報酬、則其勞力為機械的、實不足取。應隨時熱心探索重要之問題、棄去報酬與利害之觀念而活動也。設有特殊材料、為人所不能發見者、而欲獨得其發見之端緒、則不可不於社中所給運動費以外、自出費用努力為之。是為享樂記者之天職、所應有之苦心耳。恰如名偵探不為報酬、而為偵探事業之興味與使命而變裝、研究一種事件、有時常投報酬以上之費用也。

不顧他人之破累 欲盡力於新聞、不但應犧牲自己之私情、因貫徹其使命與主義、雖有危害襲來、亦當不懼也。前萬朝報社之政治部記者小林天龍君、寄食親戚某家之時、偶然發生一種關於該家之問題、天龍君以為不可因有恩之親戚、而枉新聞記者之職責、乃執筆攻擊某氏、竟不歸家、某君怒其無情、以函責之、問其爾受何人之庇而成名者、天龍君答函言、戰場不言是非、某君見函、翻然悔悟、稱為快男兒、又政府黨記者朝比奈知泉氏、聞所事之伊藤公爵因與議會衝突而辭職、即以憲法為楯、極力攻擊伊藤見解之錯悞、公極力辯脫、而論鋒益銳。為政黨記者之人、僅報告政府政黨與政治家之行動、不能謂之為已盡記者之責、是則以為是、非則以為非、能當指道之任、始為能盡責、雖因是有關一身之安危、亦當不顧也。此外於編輯上與經營上發見新聞記者之生命、於其職務中亦不得不經驗種種之苦心。此經驗之大小、為新聞記者之人格所由致也。

第三項 因競爭之苦心

報道之機敏 先於他社捉着最得時宜適切之問題、為新聞記者最所苦心者也。論說雖報皆當如是、而新聞紙之勢力、實亦定於是。

報道之迅速　今日新聞紙常行改版、記事之報道、愈速愈妙、有爭一時一刻之必要。常有僅遲二三十分鐘而報道、遂生一日間擱淺之事、故新聞記者對於報道迅速之苦心極大。大正二年三月、昭憲皇太后危篤之時、各社新聞記者欲報道御用邸之情形、咸來麕集、其異常之苦心、實可於是窺見之。其時御用邸前有三島館一旅舍、東京大坂及各地之新聞社十四五家派來之記者、或爲數人、或爲十數人、皆宿於此館、時時爭用電話、因電話只有一架、稍遲則爲人所奪。假如一人用十分鐘、非過幾點鐘不能輪到。乃有我國民新聞及朝日新聞兩社記者已早逸借用於御用邸附近之民家所裝架電話矣、及至他社思及此法、已無可買之電話。記者中竟有因競爭而罹神經衰弱之症而歸東京者。陛下病狀益危、記者之活動與競爭益激。當時東京日日新聞社派小野賢一郎爲主任、帶社員十一人來此、因與他社之人同住三島館不便活動、擇距御用邸二十町之臨川館料理店爲駐足之所、僅使一人之記者泊宿三島館。更用酒食政策、收買某銀行之電話一架、裝置於御用邸前之民家。是夜岩倉皇太后宮主事報告記者團云陛下病狀大佳、君輩可以安心矣。於是十數日間不眠不休之各社記者、皆安心出三島館、赴酒樓飲酒祝賀。東京日日新聞記者、則在臨川館晚餐相商、今夜均在臨川館一宿。然主任甚不安心、使記者名大野者歸三島館。

夜三時頃、大野偶聞戶外自動車之音、起視他社之記者皆在夢中、遂匍匐自廊下覗之、見宮內省之自動車停於隔隣三浦博士之門首、知有變動情事、乃潛至帳房、則店主在焉。據云三浦博士已赴御用邸、行將喚起諸君也。大野止之、使暫緩二時之久、乃急電東京本社、本社正在印刷市內版之時、即停機械插入皇太后病狀急變之記事、二時間後、乃使主人喚起各記者、翌晨各社皆用號外報道、此事獨東京日日新聞揭載新聞本紙面之中、勝利遂歸東京日日新聞之手。然已費去一千三百圓矣、此不過一例耳。如是之競爭、不絕行於各新聞社之間、記者之苦心、有爲讀者所不能想像者。其苦心奏効時之愉快、非記者不能味之也。

記事之特色　蒐集異於他社之特色記事、亦爲記者大費苦心之處、實新聞紙編輯之重要點。各社揭載同一之記事、因方法之各異、有能惹起讀者之注意者、又有不能者。然根本材料之有特色、惹起讀者注意、實優於方法之良否也。或時期爲問題中心之事件中、取出人所不知之特種材料、而使社會之注意集於此一記事、是記者苦心所向之處、國家社會之重大事件之端緒、有爲政府當道所不能知者。常因記者之苦心而發見之例不少。例如軍事偵探、常爲新聞記者所發見而追跡、此時探索上既大費苦心、當局欲掩其失態、又爲種種之壓迫。然記事之價値與反響、常因是而益大。

第四項　因材料之苦心

取得材料之法　何處有何種材料、如何始能得之、亦記者大費苦心之處。第一不可不先與各方面交際、且得其信用、又不可不深爲研究各方面之事情、及各方面人物之性情、有名外交員莫禮遜君嘗買收滿洲朝廷之官吏、而得特殊之材料、極爲機敏。倫敦泰晤士報之波羅魏氏於柏林會議之時、竊使所屬書記占會議之一席、每日午餐時與之會於某地、因交談則陰謀顯露、常互相交換帽子、不發一言、緣書記之帽中藏有材料也。新聞記者欲得材料、有時無異於探險家冒險家、然普通僅採用拜訪名士叩其意見之一法、訪問表面上似甚簡單、實則甚難。例如用電話問主人之在否、若言在家、即須不言事由與姓名往訪之、此種機變、非遭數次苦經驗不能領晤也。由電話察知前途之人物性情、亦記者之一種能力也。

材料之整頓法　由多數材料中擇其必要者、而棄其不必要者、亦新聞記者大費苦心之處、然有視爲無價値之材料中亦有可採者、若用之得法、可爲好材料、有時材料極少、故記事常感不足、若巧於活用材料之法、則記事不至缺乏。例如外國某新聞之編輯長正苦記事不足之時、偶見他新聞之小雜報中有嬰兒之遺棄一則、急命外交記者往查棄兒之處、嬰兒之狀態、巡警發見時之保護法、送往養育院之手續、養育院內之雜觀、及同院嬰兒之運命、作成極佳之記事、以充紙面、亦一佳話也。因用法之得當、能從如是之小材料中、獲得極有價值之物、反優於投莫大之費用所得之材料。松井柏軒氏關於材料活用法、述其實驗如次。

『日俄戰役之後、對於保志馬條約不平之人、開國民大會大爲騷動之時、余欲知東京之情形、曾閱新聞紙多種、然繁簡皆不得宜、編輯記者對於記者之記事、似未加以修正、由大體着眼、使得均衡、故記事亂雜、不得要領、唯萬朝報之記事、比較能盡其要、重大事件之記事如是、平時之記事可想知矣。』

是以編輯記者對於取捨材料之法、大須用心也。

◎◎◎◎原稿之作法　將材料作成文章、亦新聞記者苦心之一、簡潔而得要領、使人讀之生趣、爲新聞文章之主要條件。又作文之速力、亦須受時間之拘束、材料之記事、應有幾段幾行、應於幾十分鐘內作成。若有一定制限、則不可遲誤、大約一段六七十行、須在三十分鐘以內作成之、是爲普通之速力、欲達此速力、須繼相當之練習文章作成、則當附以「見出」亦爲新聞記事之要點、常煩記者之頭腦者也。無論何時、若皆列陳套之標題於紙上、必無注意讀之者。例如題爲「何街之起火」「何處之水災」讀者若與其地無甚關係、則必不能惹起興味、若標題爲「可怪之火」「可恐之水」而排以大活字、必能引入注意。關於此點、當於他章更詳述之。

第五項　因生活之苦心

保持品位　新聞記者常不可不出入社會之各方面、與各級之人相交、而代表一社、廣意言之、代表新聞記者、故當不失品位、由薄薪之中、節費購置服裝、於百忙中努力修養。

打勝誘惑　以新聞之偉大武器、以新聞社爲偉大信用之背景之新聞記者、常遇種種之誘惑、則打勝名利之誘惑、實記者大費苦心之處。金錢名譽、非對於記者天職之報酬、亦非直接之目的、故新聞記者雖貧、當享樂其天職、不畏其困難與苦痛而懊悔也。

第四章　有志爲新聞記者者應豫期之事

第一項　不得不努力

複雜而緊忙之事業　新聞記者報道各方面發生之事件、極須迅速、故較他種事業複雜而又緊忙。各部記者應辦之事、無一定之範圍、有事件發生之時、記者一人之任務、常爲各種記者之任務。担任社會部編輯者、有時須任政治部外交或經濟部外交、政治部外交記者、有時亦須任社會部之編輯、平時辦事至晚間者、有時不得不忙至夜半或徹夜不休、且常有寢食俱廢之事。今後社會之生活愈爲複雜、新聞記者之事務愈多、適成正比例、故不得不豫期爲勢所迫而不絕勞其精神與體力也。設無此覺悟、無有不失敗者。

不斷之修養　新聞記者有啟發指導民衆之責、當爲先進、然今日之人民進步愈速、則此職務愈緊忙。然則日無暇晷之記者、究如何始能盡其指導之責乎？如何始能爲先進乎？是在於百忙之中、不斷修養也。故於詣社返家訪問之途中、常閱有益之書籍、平日注意名士之談話、實乃新聞記者所應努力爲之者、且不因是而損其心身。據有經驗者云、有一身體虛弱之人、一入勞動過度極不規則之記者生活中、反能成頑強之人、故經記者生活鍛鍊之心身、實能打勝各種生活之困苦也。

第二項　學問之必要

常識勝於文才　稍有文才、即能爲新聞記者之見解、實爲大誤。新聞記者之文章、與文學者之文章不同、因其非特殊之文章、而爲通俗之文章、少學即能之、故文才非所重、而重理解判斷事物之常識、唯學問亦爲必要耳。今日進步之新聞社中、已不見往時無學之人、無論担任何事、皆能勝任之人方爲可重。今日若將來之新聞記者、須有相當之學問、是平時不可不預爲修養也。

學問見重之實例　某青年爲知名之士所推薦、入東京市內某新聞社時、社中幹部之人見此青年、第一詢其學歷、青年答云、僅畢業於小學後、即獨學。幹部員云、君之學力爲余所深信、然無學歷恐不見重於社中之人、將履歷書中可塡早稻田出身、予可爲君照應一切。蓋青年雖視學歷之有無爲無關緊要、然社中之人知其無學歷、自然輕視之、對於其位置亦不能置信矣。由是觀之、學歷之如何重要可知。雖然、有實力可不必要學歷、爲永久不易之眞理。有志爲新聞記者之人、雖未正式卒業於學校、亦須有相當之學問、將來學問之必要益切、是亦不可不徹底覺悟者也。

第二項　文名難舉

舌勝於筆、足勝於手、今日新聞之材料、若僅爲集來社中者、實無足貴。外交記者奔走各處、探訪之材料甚多、因是社交術乃爲必要、且探訪必須有辯才、杉村楚人冠氏關於新聞記者之修養有言云。

『既爲新聞記者、則執筆作文之練習、自極爲重要、而談話之練習亦不亞於斯。新聞記者之事業、大部實可謂成立於談話。世間固有練習作文之人、而練習談話之人乃絕少、予以爲是一大誤。至言練習、不限於往學校就師、自已若肯留心、處處皆可練習。』

談話之必要、不限於訪問之時、遇有緊急事件發生、無暇歸社、即不能不以電話報告之、報告之巧拙、能成佳美之記事、又能抹殺材料之價值、實際上舌之重用在筆之上。又因最重訪問、故言其以手作書、不如言其以足作文之適切也。欲爲新聞記者而舉文名、必不能達其目的、欲得文名之目的、宜向他種適當方面操練之耳。

三宅雪嶺君之談　昔日之新聞記者中多有發揮文才名聞言論界之人、是因昔日之新聞、與今日之新聞不同故也。昔日之新聞、最重言論、常就一種問題、繼續討論五日或十日之久、今日之新聞、以每日之問題解釋與報道爲主要條件、且爲其目的、故不容專力於文章、是以無發揮文才之機會、三宅博士關於此事發表意見如次。

「今日新聞之體裁、爲時代所造成者、社說敍述現狀即可、如是則無須有大文才、只以常識下一相當之解釋足矣。文字間不妨有多少之巧拙、注意之讀者亦不多、若有尋常之文才、與尋常之判斷力、則可以濟事矣。然不可不知缺乏發揮能力之機會也。執筆於新聞界、而欲成文豪、是無異受文官試驗、而欲爲政治家者。現今之新聞、不能產文豪、雖有偶出文豪、必有相當之事情存於其間、世界有多數新聞、然由記者而成文豪之事極少。倫敦泰晤士爲最著名之新聞、與之有關係者之德連君亦最著名、然係長編輯事務、未見其致作社論、因担任社論別有人在、皆無名而入、無名而終、雖名知於一時、然範圍極狹。今日日本之新聞。漸成爲機械的、雖無發揮文才之餘地、因新聞有新聞之趣味、非樂文之所也。

第四項　犧牲自己之覺悟

社會事業　新聞記者之活動、乃爲社會與人道、故無論何時、均須犧牲自己之利害、因公益而冒危險、忍困苦、以盡義務而愉快、尤當知新聞記者之活動、非因物質之報酬也。

良記者常不知名、或言既爲新聞記者、雖不能舉文名、然可得社會的名譽、爲人所敬也。作如是想者、亦不知記者之天職、不解記者之趣味者也。新聞紙爲共同之事業、非成於一人之手者、故各人之力、皆埋沒於一箇新聞紙中、自己之彩色、即全體之彩色、全體之彩色、亦即自己之彩色也。

欲發揮自己一人之能力、實屬無益、須有自己之生命、與新聞紙之生命相終始之覺悟已也。良好之新聞記者、知名於社外之事極少、容或有之、亦僅限於極狹之範圍。

物質的報酬之微少。　對於新聞記者有目為無趣味之事業、不但不以之為天職、且視為一種職業而為之者、將以新聞記者為極惡之事業、松崎天民氏述懷云。

「余之為新聞記者已經十八年、倘為軍人或官吏或銀行會社員……等、雖初得十元之月薪、經十八年之後、亦可得相當之報酬矣。然余之月薪、至今仍未達百圓之數、由物質的方面觀之、恰似自擇不利之方面矣。然余未嘗悔之、對於新聞極有興味、欲為新聞記者終此生涯也。

有十八年間之經驗之天民君、尚未得百圓之報酬、是新入者之月薪為數不多、自不待言。此事富於別章述之。要之、新聞記者非以物質的報酬為目的者也。

新聞記者不以物質的報酬為目的、亦能立於世間者、是因其最初之動機與覺悟使然。倘有趣味與理解、絕不至有失望之事、菊池寬氏語其經驗云。

「余選記者之職業、非如莫偷登氏以新聞為文藝之一部、有高尚之動機也。因別無相當之職業、乃生為記者之動機、世固有好文筆之患者、余亦不喜黑板與粉筆、而擇稿紙與鉛筆。余爲記者之前、已知其爲困難之事業、且厭與同僚之記者交際、以記者爲輕薄之人、誰知入社後所交者皆爲具有人情値得尊敬之人、不可謂非幸福也。』

第五章　新聞記者之資格

第一項　資格之共通

如上所述、新聞記者之事務有種種區別、新聞記者之種類亦甚多、然新聞記者之資格則皆相等、何則、今日新聞記者之種類及事務之區別爲假定者、將來必有消滅之日、縱使不至全然消滅、記者仍不能不担任各方面之事務。邇者社會生活漸變複雜、明瞭分担社會所起事件者、已屬不可能。故志願爲新聞記者、不可不具備一種相當資格、則於現在之政治部經濟部或社會部、擇其較有興味之事務亦無不可、若自言非社會部之事不能勝任、是無完全資格也。又就內勤記者與外勤記者而言、編輯之內勤記者應有之資格、如採用材料之鑑識、亦如外勤記者與人晤談時、捉其話中之要點、實爲不可少之資格、故新聞記者之資格、爲共通的、若强立區別、則普通記者與專門記者之間、實有多少資格之差異、然亦爲反乎根本條者也。

第二項　理解及興味

堅實之第一步。凡人着手一種事業、最要者爲第一步、有志爲新聞記者之人、先須有堅實之動機、若漠然自謂好爲新聞記者、其志必不堅、新聞紙究爲何物？新聞社及新聞記者爲何物？均須十分理解、理解後之興味如何、實爲新聞記者之根本條件。

熱心與天才。新聞記者之事業、爲物質的、若對之無甚興味、即不能一日爲之也。必先有興味、始能熱心、故熱心與天才、乃記者之最大資格。

第三項　人格

新聞紙之威權。新聞紙賦與人生之利益、乃因新聞記者之人格而益大、新聞紙之威權、亦發生於記者之人格、新聞記事爲記者人格之反映、人格卑下之記者、雖能揭載敏速而內容充實之報道、其價值必不免惡劣。今日之新聞記事報道、記者之所見所聞、不加以評判、常表顯記者之人格、人格高潔之人、與人格卑劣之人、附與所見之物之價值各不同、蓋因偉大新聞記者之人格、乃偉大新聞威權之淵源耳。

思慮與人情　有人格之人、臨事必再三思慮、故爲新聞記者決不至揭載錯誤之報道而損新聞紙之信用、傷人之名譽或犯他種罪惡、以傷新聞記者之體面。又有以同情心犧牲自己而扶助弱者、懲戒不義、不陷於誘惑。今日新聞記者之爲一般社會所輕蔑、亦因缺乏人格之故、此後之新聞記者、當以人格爲至要之資格、換言之、記者之最後勝利、實由人格得之。

第四項　性格。

社交的　新聞爲共同事業、新聞記者之事務、亦非一人之力所能成者、須賴多人之援助也。因此新聞記者之性質、應爲快活社交的廣好交遊者、杉村楚人冠氏有言。

「新聞記者必要之資格有種種、記憶力之强、心術之高潔、此乃老生常談語也。余以爲圓通亦爲必要資格之一、此愚之經驗談也。」

杉村君所言之圓通、乃指與人好感而服從必要之規定（如時間）而言。

無不快之風采狀態　須接近種種人物之新聞記者、既應尊重他人之感情、則不應有不快之風采、不重風采、不修邊幅不可也。容貌態度、亦當並重。清潔之服裝、明晰之表情、冷靜之態度、實理想的新聞記者之模範。言語不明、期期吃口、皆新聞記者所宜禁忌。有許多記者雖工文章及任外交之事、因其風采態度而失敗、新聞記者當知人常為感情所支配而利用之也。

◎◎敏活　感覺上及動作上缺乏敏活、則無新聞記者之資格、時事新報社之千葉龜雄氏之言曰。

『欲為新聞記者、或現為新聞記者之精神狀態、當始終清醒、異常銳敏、苟神經遲鈍、最為不可。』

又曰。

『易感刺激、銳於反動與直覺、富於機智、為必要之條件、記者應為多血質或神經質。』

有敏活之注意、與縱橫之機智、然後可成有生氣之新聞紙。敏感及機智為記者必要之資格、不僅精神上應如是、動作上亦須敏捷。設某地有事、一經派往、即當立刻動身、否則不能以新聞記者而成功也。

第五項　智識

◎◎◎◎◎◎◎中學卒業以上之學力　卒業小學後在中學肄業二三年文章通順之人為新聞記者、則缺少一最要資格者、智識是也。學問智識愈高愈廣則愈佳、普通之資格、為中學以上之程度、對於政治經濟法律宗教教育歷史地理文學均須有相當之預備智識。

科學之智識　今日之新聞紙、漸次採擇科學的材料、故關於數學物理學化學醫學動物鑛物植物等學及農工商業、有相當知識之人、漸次見重於各社、雖不能深爲研究、至少亦當知其術語也。

語學　學力既云中學卒業以上、是語學智識包括在內、自不待言、然有不長於語學者、又有雖經卒業、全然忘却英語者、則此等人作記者不甚適當語學力爲各種新聞記者不可缺者、語學之必要、限於外報部記者、爲陳腐之見、今日訪問之時、會話之中常有用外國語一二字者、若外國語之智識不足、則會見必終於失敗。今後之新聞記者、能操相當之英語、已爲必要之資格。今日之新聞記者中雖有全然不解外國語者、然若是之人、當自思因是感何等之不自由、招多大之損失、新聞記者不得不加以幾分講求。

第六項　文章

隨時隨處之執筆　工於文章之人、即可爲新聞記者而生活、文章之於記者、爲一必要條件。然新聞之文章、以興味爲中心、不重修飾、簡單明瞭、極爲易讀、非小說家之文章、亦非美文家之文章。新聞記者之文章、各因其新聞有幾分特色、所謂新聞的文章是也。記者能於人多喧騷之中、與人談話之際、作文不費思索、亦爲重要條件。

作文之速力　新聞之文章、常受時間與長短之制限、應於一定時間之內、作極有興味之文、又宜速記判決文、不容遲緩一刻也。故文章之速力甚爲重要、三四十分鐘作成一段、（十七字行、約六七十行）爲普通之速力、東京日日新聞採用記者、最重作文之速力、若其人只工於文章而速力甚遲、不用也。該社之小野賢一郎之言。「新聞一日改版數次、一版與二版之截止時、其間若僅有二十分鐘、能於此二十分鐘內草一雜報、即可入於二版、若遲一分鐘、即不能不列入三版、記者之「筆速」遲一二分之時、即耽擱一日之久、豈不甚惜。故記者能於獲得材料歸社之時、先立記事之順序、作一準備、始能執筆即成文也。」

第七項　健康

身體檢查　無論從事何種職業、皆須有康健之身體、頭腦之健全、與肉體之健康、皆爲必要之條件。不康健之人、雖邀採用、大新聞社之採用記者、均爲合格身體檢查者。

精力　新聞記者非身體健康、聰勤敏活、而有忍耐力之人不可。身體健康之人、亦有厭徹夜不眠、飲食不能節制者。又有對於事物極易厭倦者、如是之人、實無新聞記者之資格者也。

第八項　專門之記者

論說記者　非有組織的頭腦、經世的眼孔、明快暢達之文章、剛强之意志、專門學校以上之學問、則無論說記者之資格。

外報部記者　翻譯外國電報之記者、須爲研究英語多年、長於會話與作文、能通他國語言一二種、並熟習外國情形之人、方能勝任。且不僅須知外國情形、亦須有多量之智識與文章之才。

運動記者　中學以上之學校、其運動部之選手、最爲各社所歡迎。國民新聞之社會部長太田茂氏言「能通相撲庭球競艇之人、最爲可重。」

演藝記者　文壇知名之人、關於戲劇音曲有專門的智識之人、皆在採用之列。

第九項　部長。

手腕與年功　希望爲各種部長者、須先經驗各方面外交及編輯助手之事務、能顯手腕、博信用、積有年功、然後可占一部長之位置。雖有手腕而無經驗之人、不能得部長一席。又新聞如現代之戰爭、爲一社人員協力所作成者、一人之手腕不易顯露。

持久的人物　欲得部長之位置而活動者、應先爲記者有種種之經驗、久爲一社、發揮手腕於一時、即欲榮達之人、或終不能爲部長。又常鳴不平、由甲社遷乙社之人、亦非幸福持久的人物。

第十項　日本名記者之談話

有適當紹介與豐富常識

東京日日新聞主幹對馬健之助君之談云。世間普通採用新聞記者、只能文聰明之人、即爲適當、有才者聘入社中、即能合格。然多不能長安于此、每變更其方針也。新聞記者初入社中不甚合格、亦無不可、使在社中一二年、即可養成也。又今日之文章、漸成口語體、能記人之所言、與己之所思、而常識圓滿發達之人、即受歡迎、亦無須有十足文才也。

採用曾受高等教育之人、若爲政治科出身者、則使入政治部。絕不採用已過四十歲之人、是爲一定之方針。因社中雇用之人不多、故不喜用應受徵兵之人。又常行缺勤之人、亦必拒絕。採用之前、必行體格檢查、若有肺病肋膜病等症、則絕對不採用。

用試驗採用之新聞記者、常無好成績。人之文才如何、技術如何、固可由試驗知之、然不能知其人格品性也。恰如因新聞之求婚廣告所得之婦、其中固有甚美者、然以品性不端者爲多。若採用速記者或電信技師、不訪以試驗行之、因技術巧拙爲問題也。然新聞記者之採用、非技術問題、而爲人物問題、故有素知其人格性質且有信用之人爲之紹介、極所歡迎。被紹介之人、因對於紹介者之責任、常以誠意任事、受試驗採用之記者、則無此責任心。福澤諭吉先生常爲人紹介、而其紹介狀又極巧妙、備載其人之長處及短處、若是之紹介狀、質便於用人之人與被用之人、故余歡迎有詳細紹介之人。然亦有因境遇困難、不能得如是紹介狀之人極多、雖然既爲人格問題、若果爲人格高尚之人、必有發見適當紹介者之機會也。

學歷康健與文章

時事新報主筆石河幹明君之談云。大正七年七月、我社試行記者採用試驗之成績甚佳。至試驗之方法、乃依履歷書及文章選拔合格之人、使各部主任面試、然後決定去留、其中我社要求以上之人才極多、有曾在外國新聞社實地經驗者。

然非要求應試之人、皆能如是也。無經驗之人、可於社中養成之。最所歡迎者、爲正式經過專門學校以上學歷之人、有科學智識之人、最佳宜採用年歲自二十二三至四五之青年、最宜工文章而能晝夜任事不倦之人、實爲必要。有紹介之人、自較無紹介之人可以信用、其中亦有有天才之人、然非用之於實地、不可知也。故余最重有正式學歷之人者、職是故耳。

有趣味之人

萬朝報編輯長斯波貞吉之談云。才能優秀於人、對於新聞有無窮趣味、遂以此爲自己之天職、此爲以前之傾向。然新聞之事業、今日已成一種分業的職業、而記者非銀行會社員所可比、故以記者之職業、爲自己之天職、而終生從事之者甚少、一般智識上雖爲進步、從性格言之、實爲退步。設非對於新聞記者之事業有趣味之人、則不能作成好新聞、收羅極有才能之人、爲經費所不許、故亦採用對於記者生活有趣味之人。

博愛信義之觀念、新聞記者從事於社會的事業、常須犧牲自己、不可不强於博愛之心、信義之念、有此性始格能以新聞記者天爲職而生活也。

今日新聞記者之智識方面、已經發達、故無學歷之志望者甚少、大抵多爲私立大學出身之人、而早稻田出身之人、成績較慶應出身者爲優。年輕之人固佳、然亦不設幾歲以上則不採用之規定。有經驗入社即能辦事之人固佳、雖有經驗而性格不良者亦不採用。曾用試驗採用記者、後皆革除、因試驗不能十分知其性格故也。有適當之紹介者最佳、紹介之人、以學校敎習及知己爲最相宜。政治家紹介之人、似不甚好。

量才用人

報知新聞社長添田壽一君之談云、余投身新聞界、爲日尙淺、故只有資格言自己入新聞界之理由。至如何之人爲新聞記者、乃受歡迎之問題、當詢諸更有經驗之人。然余可以抽象言之、無論何人皆有長處、能適用其長處、則無論何人皆能爲記者、不必有一定之資格也。若有人願爲記者、而社中某方面適缺人員、若其長處可適用於此、則可採用之、有正式之學歷固佳、然不必非有不可也。無論如何之人、皆所歡迎、此乃余之方針。

勤直敏活能文之人

報知新聞主筆須崎默堂君之談云、凡人之爲人如何、非相見一二次所能知者、學歷亦非人物之保證、採用新聞記者、恰如擇婿無異。然從普通之見解言之、以誠實勤勉敏活之人爲最佳、有私立大學卒業之學力足矣。然常識則須非常發達。

精力旺盛頭腦活動之人

東京朝日新聞社編輯局長松山忠次郎君之談云。新聞記者須有種種資格、而普通之學問爲第一必要者。對於一切事物、皆應有相當之理解力、故常識之發達、亦爲必要耳。文章之于記者、恰如辯才之於代議士、與辯護士爲不可缺之武器、此等條件、乃必要之基礎、此外尚有二種資格如次。

新聞記者每遇問題發生、常須自晨至晚活動不休。朝日新聞每逢問題發生、最後之截止時間必在午前二三時、大有不能就寢之勢。又昔日翻譯外國新聞、作成記事於斗室之中、今日則非奔走各處詳探世情、然後執筆、不能成新聞材料也。在內部整理記者原稿之人、爲內勤專門之人、無外勤之必要。然普通之政治記者、經濟記者、社會記者、則須奔走於外、其記事始有價值。故非不辭活動、而有氣力體力之人不可。新聞記者之事業、又爲一種各方面之智識交換、於甲處所得之材料、告之於乙、以乙處所起之事件告丙、智識交換之目的、乃能達到。若日居室中、不能知甲乙丙各處所起之事件、則新聞之生命失矣。

世間常有能知種種之事、而不能活用之人、學者之中最多、若爲學者雖不甚緊要、新聞記者不當如是也。欲爲新聞記者而欲好成績、則非能利用所見所聞、使成新聞之材料不可。例如前日因米糧問題發生騷動之時、內務省印發關於騷擾事件之公報分各新聞社揭載之、勿另載記事、當時內務大臣說明曰『內務毫不隱蔽事實、各處若有騷擾事件、地方官必以電報通知內務省、其報告正確而且敏捷、以之供給新聞社、新聞社揭載之、則事實一目瞭然、無須另爲記事也、內務省既有將事實傳於世界之利益、新聞社亦可免蒐集材料打電報種種手續、實兩方之便利也。』所述似極近理、然警察官與地方官無新聞記者之頭腦、因其報告每難得當、從新聞眼觀之、無異使相當之材料陳腐也。例如大正七年八月晚、甲州之若尾家爲暴徒所燒毀、內務省之公報爲『暴徒襲民家而燒之』極爲簡單、是不能成爲新聞記事。必言『若尾家被燒』始成新聞之材料、新聞記者最注重活用之能力。又訪問調查起草論說之時、皆須頭腦活動、亦一種必要資格也。

第六章　新聞記者採用之方法

第一項　就職之七種徑路

新聞記者就職之徑路、可分七種、（第一）因知己之紹介者。（第二）因先進之推薦者。（第三）因採用試驗者。（第四）因通信投稿之緣因者。（第五）因直接之申請者。（第六）因社內之養成者。（第七）因招聘者。

知己之紹介

知己之紹介中、以學校教授之紹介爲最有價值、因紹介者能知志望者之人格、性質、經歷、才能、指摘其長處與短處故也。政治家官吏之紹介、則無甚信用、又因教授之紹介而被採用之人、事實上最多。有志爲新聞記者之人。宜預將希望告知教授。遇有機會時請爲留意、若友人中有與新聞社幹部相識者、則求一紹介書、往謁希望入社之意亦可、若其時缺少人員、而志望者之資格已備、必可爲見習記者暫行試用。若其時無須添人、亦可暫留履歷書聽候。採用然紹介書太多、採用之機會極少、故紹介者爲有力之人、而紹介書極爲懇切、乃可占優勝也。

先進之推薦

求知己於新聞記者之中、與之相交、得其推薦、爲社中所採用、乃就職之最捷徑、假令社外之人有請採用者、得社員之保證、亦可排去上述之競爭。由此點言之、欲爲新聞記者之人、須有社交的性格也。

試驗採用

募集新聞記者之志願者、試驗之後採用之、實每年行於各新聞社、東京之大新聞社、亦時時試用此法。蓋各方面紹介之志願者人數過多、選擇之時恐有感情作用、又有天才之人、有實力而不能得一紹介者、往往向隅、若一發表募集廣告、隨時可得數十百人之志願者。各社之試驗方法各有不同。今舉數年前東京日日新聞採用記者一人所行之試驗方法、可推其微妙之一斑。先從應募者之履歷書一百二十份中、經試驗委員之手、選出八十份、分配於一星期之內、兼發出通告、囑其來社應試、較指定時間遲到十五分鐘之人、皆拒絕面會、而面會之人、與人印像之良否、當以試驗委員之直感判斷之。再觀其履歷書質問一切、注意於回答之態度言語諸點。次則限時使改正一通信文、是爲試驗文章之速力、與對於事件之理解力、最後使其草一由家至社之印象記、是爲試驗其文章之伎倆與觀察力。前年中央新聞試驗委員之山根氏、述其採用試驗之方法如次。

「先依履歷書從應募者二百人中選出四十人、行第一回試驗、假定皇后之桃山參拜、使說明自宮城至新橋車站之鹵簿及記錄送行各大臣高等官皇后宮大夫之姓名、試卷完全者竟無一人。又選比較佳者十五人、行第二回之試驗、此次則假定飛行機之墜落、余假定在墮落飛行機之前告以情形、受驗者則爲新聞記者、將余所言之事實草一記事、結果十五人中得有六人及第者焉。由此次之試驗觀之、大臣之姓名為記者應知者也。既為皇后之旅行、不可不知相當之敬語、皆為常識。第二回試驗、余所求者為組織的頭腦、與有脈絡之文章。

最近時事新聞之採用試驗方法、乃先令應募者各出履歷書一紙及文章一篇、選拔候補者數十人、使來社與部長相見。所採用數人、尙須於一定期間內實地練習、期滿後成績佳者、始得為社員、是為近於理想之試驗採用法。要之受試驗之時、寫履歷書宜格外注意、因最初之豫選、皆由履歷書定之。以其中有學歷、經驗、年齡、文字、可為採否之標準也。

投書之緣故。

投稿或通信於新聞社、伎倆為人所認、而被採用之例甚多、則由是可知其人物伎倆如何、實優於試驗。實際因投書而被採用之人、多為天才的人物、若志願者諸君之中、有眞能自信之人、不妨投書或通信於一種新聞。若投書或通信為能惹起興味之物、必為各新聞社所歡迎。又有種新聞設有投書欄或懸賞欄、若常有投書可適採用之機會、因試驗被採用之記者、常不見好結果、因投書而被採用之記者、皆能成功、亦為事實。

直接之申請

並無紹介、求見社長或幹部、自述欲爲記者之志望、而蒙採用之例亦不少。然在今日之日本、則非有地位名聲或相當之經驗者、難望此法之奏效。若有十分自信之人、以投書或試驗常受運命之支配、不屑爲之、仍不妨直接請求。若社長有知人之明、亦必可蒙採用也。蓋與其信用他人之紹介或試驗委員之鑑識、孰若社長若主幹、自信其觀察眼之爲愈也。志望者亦可不賴他人之力與僥倖、只求自己力量之被認。若志願者諸君中有自信自己之實力與人格、而不能得紹介之人、亦可試整服裝、壹禮儀、求見新聞社之主腦、請求其採用。

社內之養成

由以上徑路被採用之人、入社後固須養成記者之資格、普通尙行有一種根本的養成法、將雇用之童子及校對員養成記者是也。若志願者諸君中有年齡未滿十六七歲之人、能願爲大新聞社之役童、亦爲記者之捷徑。又無新聞記者之經驗與學歷、而自信有記者之資格者、亦可先爲校對、極易升爲記者也。

招聘

學校卒業成績優佳之人、因記者之手腕或著作物爲社會所認之人、於特別方面有才能之人、常受新聞社之招聘。此與一般之新聞記者不同、常受特別待遇者也。

第七章　新聞記者所受之待遇

第一項　新聞社之待遇

勤務◎◎　新聞記者之勤務、分爲晝夜二種、晝勤務普通自晨十時至午後五時、夜勤務普通自午後五時至十二時、各社之規定不同、有特別事件發生之時、即不能更爲區別。大概各人互相輪流、每星期休息一次、大新聞則有一星期之夏期休業、新年亦休息兩三日。

俸給◎◎　俸給無一定之標準、各社之制度不同、又因人而異。初任記者之俸給、因紹介者之如何及其他條件、亦生差異。初任之記者、大約月得三十圓、外支車費二十圓左右。然此爲平均之計算、亦有以二十五圓爲普通之社。地方新聞則十五圓或二十圓爲普通、一般記者與幹部之俸給、亦有非常之懸隔。部長之月俸、約百五十圓。主筆之月俸、在三百圓内外。二三之大新聞社中幹部之俸給、爲年俸制、最高者爲六千圓。社會部長之年俸約三千圓。新聞社之定俸給、常守秘密、雖社中之人、亦不可得而知之。明治二三十年時之國民新聞社、月得十四之人極多、矢野文雄之報知新聞、亦有如是之記者、然彼等之生活極爲自由、因月俸雖少、此數社長常暗與特別費、有受與月俸相等之特別費者、又有所受特別費較月俸多數倍者。

慰勞　大新聞社每遇事件發生、社員須徹夜辦事之時、必支給一種特別費、因職務得病或負傷或因病辭職之時、則支給慰勞費。又有派遣部往出洋考察之規定。

第二項　社會之待遇

無冷遇之事　蔑視新聞記者、乃爲既往之事、今日則有智識之人、皆喜接近記者、歡迎其來訪、實爲可喜之傾向有信用之新聞記者、則更爲人所敬愛、菊池寬氏關於社會對於記者之待遇、述其意見云。「世人以記者常爲不速之客、故受社會之侮辱、其實不然、余初爲記者之時、固常蒙人賤視一切也。且今日之記者、皆已自覺當爲讀者之代表者、不至受往日之侮辱矣。」爲讀者之代表、非世間信用之人不可、對於有信用之新聞記者、誰能冷遇乎。

公共團體所與之便利　種種之公共團體、皆有便利於新聞記者、鐵道院爲記者發行免費票、市內電車則有無賃乘車券、圖書館則有無料閱覽券、營業本位之劇場或慈善演劇、必以招待券贈記者、一至外國、則常受個人斷難夢見之優待。

第八章　新聞之文章

第一項　文章之種類

意見之發表　關於時事問題之見解或批評、或新社會問題之提出、時代風潮之指導等類、皆爲發表意見之作、名爲社說及論說。

「社說」　代表一社發揮主義之文章、由主筆任之。

「論說」　發表個人對於各種問題之意見、論說記者担任之、但須有著作者之署名。有時主筆可以認論說爲社說、因論說及社說同爲一社信用之標準。

事件之報道　總稱報道、社說論說以外之事件記事爲雜報、雜報分爲筆記、概報、雜觀、特殊記事四種。

「筆記」　名士演說、名人談論之詳細記錄。

「概報」　各種事件之記事、如海外電報之類。

「雜觀」　事件發生場所之印象錄。

『特殊記事』有特色之記事、如從軍記事之類。

第二項　新聞記事之作法

德富蘇峰氏曰『作新聞記事、以易讀有趣爲旨、當常參考他人之作、研究古人之文。』又曰、『文章務期簡約、勿陷晦澁之弊、不復讀不能解其意之文最宜避。』

澁川玄耳氏曰『巧爲挑撥的記事、雖能享受一種興感、醒後必覺其愚。』又曰『務廣不務深之記事、不能使人終讀也。』

杉村楚人冠氏曰。『阿路德有言、記者緩書者、讀者亦緩讀之、急書者、讀者亦急讀之、欲使一面走一面讀之讀者讀、必須記者一面走一面書、讀者與記者因其境遇之相同、而生一種同情的關係、於此可見。』

千葉龜雄氏曰、『新聞中無正確二字、不能有美滿文章、然則無眞而有趣之新聞材料乎？有之、是爲用眼與頭所作之文章也、換言之、巧捉事實要點之文章、從多數事實中捉着最高之要點、實新聞記者之最高伎倆、如是之材料、乃眞爲有趣之材料。』又曰。作文迅速、爲記者之一資格、每行廿字六十行之文、至遲當在三十分鐘內作成。

小野賢一郎氏曰。『普報之雜報、與特殊之雜報不同、無鍛錬文章之暇、急時不能反覆讀之、文成三行、即送工場、倘先無準備、文章必致錯亂、不得要領。』茲摘錄以上諸家之意見約如次。

（第一）通俗有趣、簡單。

（第二）不離事實、貴在記者之實感。

（第三）深爲觀察、作文正而速。

社說與論說

社說或論說中有爲一般之人解釋時事問題、而暗含諷示者、有欲喚起輿論、故爲煽動者、有因助政府之施設、發爲忠告者、有豫料事實之利害得失者、當立於較高之見地上、爲周到之觀察、愼重之批評、然後執筆也。

石河幹明氏（時事新報主筆）云。『新聞紙上披瀝自己之所信、不必對人有所顧慮、評論他人之事、限於與其人相對直接談論之事、不可出此範圍、紙上好爲空論、見人時不能直率語人、非士君子之所爲者也。余嘗置人之名、與無異己之名、與對人攻擊時、不好爲苛刻極端之論、世人以爲其論鋒甚鈍、時事新報之議論、每遇政熱沸騰人氣激昂之時、必不甚激烈、人皆以爲政府辯護偏袒政黨、不知時事新報對人毫無私怨、合吾主義則贊成之、否則攻擊之可也。』

◎雜報。

◎筆記（詳細記事）　記錄演說談話之要點、且不逸語勢之特徵、極爲緊要、能通速記術、則非常便利。然人之言語、常有重複顚倒次序之事、仍須記者整理次序、然後記錄也。次列之文章、爲大正七年八月十五日揭載於讀賣新聞者。實水野內相關於禁止揭載米價騰貴騷動記事之命令說明之筆記也。

「今晚突然請到諸君、實因此次米價暴騰之新聞記事、欲與諸君一敘。此次之事、誠歷代稀有之不祥、余所深爲遺憾者。事初起於富山之一漁村、漸次蔓延於京都、名古屋、大阪、神戶各地、遂及於東京、昨夜暴動發生後、已實行種種豫防手段。今所望於諸君者、此記事一概不必揭載、即已揭載、亦當扣留、爲余所執之方針。是因深知新聞紙之勢力、新聞記事之影響的辦法。此次事件之所以能由甲地傳乙地、由乙地傳丙地、如是迅速者、實因新聞記事之故所致耳。余想騷動鎮靜之時、當亦不遠、則新聞社不能不盡其職責、實不過暫時爲國家計、惟有請君等暫行忍耐而已。』

概報（概要記事）　是爲初任記者担任之文章、修改地方通信或他種新聞之記事、作成二三行之短記事、長者則爲摘錄談話議論之大意的記事、概報以能留要點爲貴重、次之概報乃大正七年九月四日報知新聞所載該社從軍記者御手洗辰雄氏之從軍通信也。

『今日乃天長佳節、大谷司令官思念將卒之勞苦、是日每人發給酒五勺、饅頭兩個、以祝此佳節。午後司令官以次各高等官齊集司令部、舉杯祝賀戰線之將卒、亦酌酒高呼萬歲、司令官於兩日內、尚爲外國人設宴於司令部。』

是爲內容豐富、極得要領之作。

雜觀（印象記事）　是寫與人對談情形之文章、插入談者之言語極有興味者。例如

「——話題再進、則不吸紙烟之原君聳其白眉、一若極好談話之老百姓云「——米價騷動乎？以關西爲甚、東北除福島與宮城皆極平靜。總之民心之風潮、今已大變、無論如何內閣成立、辦理善後極形困難也。——」原君之言、使人聞之似有深味也。——」

是爲極佳之雜觀文、若文首加以『記者詢問曰。「關於米價騷動之感想如何？——」』則價值全失、能使

讀者由談者之語勢、文章之調子、推想記者之已作是問、最妙。

特殊記事（署名記事）是爲連載記事、有於一題之下、連續記載一事件者、（例如大庭柯公氏之「俄國入監記」與一題之下、一回或數回內容不同者。（例如由養育院生活一題、可歷載院內收容各人之歷史、）前者置最大之事於最後、每回亦各有相當之事、文雖長、一回有一回之興味、後者則須選極有興味之物、材料皆須與時代季節有關係、次列之文、爲國民新聞大正六年六月六日所載、題爲「青葉之頃」之貴婦人歷訪記。

『門前青葉、影映台階、皎潔如鏡、房屋爲五十年前之建築、令人想起大名時代之權威、入客室、則千賀子夫人（二四）端坐室中、姿容甚麗、微笑語云。『吳竹之根岸之里、昔爲雅地、今則開闢已無舊觀、此屋極古、余母亦生於是、妾家代代迎養子也。』千賀子夫人、爲正四位子爵諏訪忠元氏之長女、迎仙石子爵之公子忠入君爲婿。（以下略）

文首有孤烟之署名、文雖少實感、然足以爲特殊記事、而惹起一部讀者之興味也。

標題。

大見出　新聞記事雖有極佳之材料、不可無人讀之也。完全讀盡新聞記事之人漸少、先由大體尋出似為有趣者讀之、已成習慣、則是時第一注目者為大見出、大見出與普通文章之標題不同、不必捉要點、能惹人目可矣。無異一種甘餌也。

例如見出為「A町之放火」則僅有住A町之人及與A町有關係之人讀之、若改為「怪火」而用大活字印出、則惹一般之人注目矣。又某名士關於現時女子教育、述其懷疑的意見、若見出為「關於當今女子教育」一般人無有讀之者、若改為「？……當今女子之教育」用大活字印出、則必惹人注意矣。大見出之字數宜少、若字數不能不多之時、則可用二種活字、大者仍可惹人注目、同一標題因活字之大小與配合、生異樣之効果。茲比較大正六年十月一日東京各新聞大暴風雨記事之見出、記錄於左。

可戰慄之帝都慘害（東京日日新聞）

慘哉暴風雨之跡（讀賣新聞）

大暴風雨襲帝都（報知新聞）

暴風之大慘害（國民新聞）

大暴風雨襲來（東京朝日新聞）

可悽之暴風雨（萬朝報）

其中『讀賣新聞』題前加有『十六夜之月靑』之文句。『萬朝報』加有『襲帝都』之文句。各報所用活字爲初號一號特別大活字、報知與朝日之標題簡單、尤能惹人注目。

小見出　法有二種、一爲在大見出之傍、摘錄記事要領者。一爲列入記事中間者。小見出不以惹人注意爲目的、在示人以記事之大意也。

句讀與斷項法　新聞記事之句讀、較普通文章爲少、因欲多排文字、以免字間有空紙而空虛之故。然常以斷項代句讀、雜觀或特別記事、冒頭之項甚短、大概自四五行至七八行爲止、以惹讀者之興味焉。

端書

特殊記事或重要雜觀之本文前常有端書、有時活字較本文大、有時活字較本文小、既非記事內容之說明、亦非記事之由來、實一種裝飾的使本文更惹人目之文章。次爲大正三年十一月東京朝日所載靑島陷落記事之端書。

『皇軍之神速、恰如迅雷疾風、不及掩耳、立於山東之一角、睥睨東洋天地之猛鷲、其運命已盡、遭攻圍軍之一擊、即俛首投降、豈不快哉。』

以上關於爲記者之方法修養準備等事、已盡述大體、世有以新聞記者爲下等職業無賴之人而賤之者、實爲大謬。記者之職業、以筆導世、極爲神聖、古人云文章乃經國之大業、使此言現爲事實者、非今日之新聞記者乎?倫敦泰晤士之社說、能搖動英國之政界、而影響於世界之大勢。福澤諭吉之時事新報之社說、能動當時政府、爲吾人猶能記憶之事實、謂之爲無冠之宰相、決非溢美。有此覺悟抱負與自信、始能爲新聞記者、新聞記者實爲生人職業之最有光榮者、切望青年諸君、投身斯界、誠有無窮之興趣者焉。

第九章　雜誌之作成法

第一項　雜誌之種類

雜誌因發行之目的、可分爲二種、曰販賣爲目的者、及以宣傳主張發表研究爲目的者是也。前者爲普通雜誌、後者爲特殊雜誌、但普通雜誌中亦有以宣傳主張爲目的者、特殊雜誌中亦有以販賣爲目的者。

普通雜誌

普通雜誌中銷路最廣種類最多者○爲少年雜誌、少女雜誌、其次爲婦人雜誌、娛樂雜誌、文藝雜誌、演藝雜誌、實業雜誌、評論雜誌、繪畫雜誌、青年雜誌、語學雜誌等○

少年少女雜誌　編輯材料以少年少女喜讀之寓言小說爲中心、加以可爲學校教育補助之教訓、關於智識之材料、如繪畫照像片等○

婦人雜誌　其中含有家庭雜誌、由家庭記事、家庭小說、教育小說、編輯而成者、其中有以女學生爲中心者、有以主婦爲中心者、有以上流家庭爲中心者、種類極多○近來婦人雜誌之流行、實智識富之女性漸受教育購買雜誌之結果○

娛樂雜誌　爲趣味低下之讀者發行之雜誌、以講談落語電影新聞三面記事爲中心、讀者之範圍極廣○

文藝雜誌　本爲屬於特殊雜誌者、近來因社會各方面之要求、乃成一種以販賣爲主之普通雜誌、以小說戲曲爲中心、亦載評論感想文壇時事等○

演藝雜誌　揭載劇場俳優之記事及新脚本○

實業雜誌　揭載實業界之各種現象、新事業之紹介及研究、對於欲入實業界者之教訓、實業家之指導等材料。

評論雜誌　為對於一般智識階級發行之雜誌、材料與新聞論說同性質、包括各種方面之主義思想。

繪畫雜誌　記事之外、插入種種繪畫漫畫、內容之性質雖近於特殊雜誌、發行之目的則在販賣。

青年雜誌　以中學生為中心之雜誌、蒐集智識與興味之材料及冒險探險等記事。

語學雜誌　有德語英語俄語法語等區別、揭載文法作文之講義、以便獨學之人。

特殊雜誌

特殊雜誌中有揭載專門學術之研究者及報告一種團體之消息者、前者為專門雜誌、後者為機關雜誌。

專門雜誌　有主張國語文字改良之羅馬字雜誌、發表教育意見之教育雜誌、傳布基督教佛教之宗教雜誌、哲學雜誌、醫學雜誌、純文學雜誌、美術雜誌、皆不以販賣為目的。

機關雜誌　各官省發行雜誌、分配於內部人員、皆非賣品、鐵道院之「道友」雜誌、發行之部數甚多、此外則在鄉軍人會或紅十字社發行會報、大會社銀行及大商店亦發行一種機關雜誌、三越吳服店之「三越泰晤士」、白木屋吳服店之「白木泰晤士」、丸善書店之「學燈」皆極有名以娛樂交際報道廣告爲目的、決不列於店頭販賣也。

第二項　雜誌社之組織

如上所述、雜誌之種類有二、雜誌社當然亦分爲二種、然發行特殊雜誌之所、有不能稱爲雜誌社者、例如發行機關雜誌之官衙商店會社是也。

雜誌社與新聞社之區別、雜誌社之組織、與新聞社不同、新聞社之首腦部爲編輯部、雜誌社之首腦部爲營業部、新聞社必有一社專屬之印刷部、雜誌社每月或星期發行一次、無時間之制限、故其印刷部可使獨立之營業者經營之。此外則有獨立之廣告部、發行部、而無獨立之校正部、編輯部常兼校正部、否則使社外之印刷所担任之、編輯部定記事之方針、集材料作成原稿、配置記事規定體裁之後、即將原稿送交印刷所、印刷既成、更送製本所、製成雜誌、轉送發行部、經營業部之手、發送於讀者或販賣店、統轄雜誌社者爲社長、其下有理事編輯部長主筆普通記者等。

第三項　雜誌記者之種類

發行雜誌二三種以上之代表的雜誌社、編輯部由編輯部長統轄之、編輯部長占新聞社主筆之位置、雜誌社之主筆、僅爲担任雜誌之主任、編輯部長爲各種雜誌編輯之監督。主筆之下、有編輯記者、訪問記者、編輯助手。

編輯部長

編輯部長代社長直接當督勵編輯部員之任、與新聞主筆有同等的任務。

主筆

主筆定擔任雜誌編輯之方針、指揮編輯記者及訪問記者、並起草特號之主要記事。

編輯記者

編輯記者從部長及主筆所定之編輯根本方針、整理記事撮影繪畫之順序、指揮編輯助手與訪問記者。雜誌之評價、定於編輯記者之手腕、雜誌之重體裁與材料在新聞之上。

訪問記者

雜誌之訪問記者、與新聞之外交記者、同有重要任務者也。近來一般雜誌揭載關於各種智識或事件之記事、皆較詳於新聞。故訪問各人蒐集談話、亦爲必要、因雜誌激增之故、各社有不得不競爭之勢。訪問記者可分爲二種、一爲以談話筆記爲專門者、一爲以原稿蒐集爲專門者。

編輯助手

編輯助手之事務、實兼新聞社編輯助手調查部記者校正之事務一部分者也。掌原稿行數之計算、原稿之抄寫、投稿之分類、及編輯參考品之整理等事。

第二章　雜誌記者之苦心

第一項　因記事之苦心

問題　雜誌記者之苦心、與新聞記者相同最重要者、爲新問題之發見、新聞記者可將日日所發生之問題告諸讀者、一任其批評、雜誌記者則不可。例如就德國革命一事、蒐集各方面之觀察以備揭載、而雜誌發行之日、又不知形勢如何遷變、是以雜誌記者非苦心預想一月後所起之問題不可。

撰擇　惹人注目之作物、亦須大費苦心也。

原稿　雜誌記事之性質、與新聞記事不同、範圍極狹、例如小說、小說家之數有限、流行作家更少、彼等之製作力亦有限、出有著作、各雜誌社皆欲爭得之、故發行新年號倍大號之時、非預先堅約材料、必爲他社所奪僅為預約、尙且不能成功、又須有種種之運動、或先付原稿費、或春間預約來年之新年號之原稿、其苦心非新聞記者所能經驗者也。又小說家之執筆、時而勤、時而惰、欲使之如期脫稿、亦非常之苦心也。

文章 有永遠性之雜誌記事。其內容至為重要。新聞之文章、以易讀能速為貴。雜誌之文章、以正確美麗為貴。筆記名人談話、極須愼重。

第二項 編輯之苦心

新聞與雜誌置重編輯之苦心相同。雜誌之為人歡迎與否、一視其照片插繪附錄繪之佳否為轉移。故記者於記事之外、尙須注意畫家之選擇、求嶄新之作也。

第十一章 雜誌記者之資格

第一項 機變之頭腦

雜誌記者之資格、與新聞記者之資格無異。編輯記者與訪問記者之資格、亦為共通的、若有相當之理解與興味及優秀之人格、具有社交的資質、中學卒業以上之學力、加以相當之文章與健康、則雜誌記者之資格已備。然最能成功之資格為何？實機變之頭腦也。解決問題、理解人言、處理事務、皆非此頭腦不可、若缺此資格、雖具他種資格、亦一無用之記者也。

第二項　達意之文章

能文為雜誌記者之最大資格、不工文章之人、必不能批評他人之文章。雜誌記者既須批評、又須著作、其文章自須優於新聞。文章又將他人之談話作為文章、而不失其要旨、亦一必要資格。

第三項　智識趣味之多方面

對於各種問題、若無相當之理解與趣味、終不能成優秀雜誌記者也。專於一事之人、只可為學者、不可為記者、此外則須有對於大勢與機運之敏感、乘大勢而導機運、實雜誌之理想的任務也。

第十二章　雜誌記者之就職與待遇

第一項　採用之徑路

雜誌記者之採用徑路、亦分為七種、然因知己紹介與投稿之因緣者為多。

第二項　待遇

勤務。雜誌記者之勤務時間、不若新聞記者之勤務時間之毫無規則。然訪問記者有時須為時間以外之勤務、因訪問之人常指定晤面之時間、時而夜間時而早晨之故、然普通自午前九時至午後四時爲規定之出勤時間。

◎俸給　普通初任記者之月俸、在三十圓左右。亦有對於記者之原稿文給原稿料、或有對於訪問記者不給月俸、而照其筆記原稿之枚數、付以若干報酬金、有經驗之人、則可得五十元上下之月俸。又有每售雜誌一部、即分給記者一錢或數錢之社、名爲印稅、記者常因是每月可得數百元之收入也。

正誤表

頁數	行數	誤	正
七	三	疎虞	不慎
十二	三	對於	此二字衍
四六	四	直疑問	直接疑問
六四	一	第一第二	第二第三
六四	五	第二章	第十章

图书在版编目（CIP）数据

实际应用新闻学 / 邵振青著. —北京：中国传媒大学出版社，2018.3
（中国近代新闻学名著系列丛书 / 芮必峰主编）
ISBN 978-7-5657-2265-3

Ⅰ. ①实… Ⅱ. ①邵… Ⅲ. ①新闻学 Ⅳ. ① G210

中国版本图书馆 CIP 数据核字（2018）第 042583 号

中国近代新闻学名著系列丛书
芮必峰　主编
实际应用新闻学
SHIJI YINGYONG XINWENXUE

著　　者　邵振青
策划编辑　司马兰　姜颖昳
责任编辑　姜颖昳
封面设计　拓美设计
责任印制　阳金洲

出版发行　中国传媒大学出版社
社　　址　北京市朝阳区定福庄东街 1 号　　邮编：100024
电　　话　86-10-65450532 或 65450528　　传真：010-65779405
网　　址　http://www.cucp.com.cn
经　　销　全国新华书店

印　　刷　北京华联印刷有限公司
开　　本　787mm × 1092mm　1/16
印　　张　17.75
字　　数　120 千字
版　　次　2018 年 6 月第 1 版　2018 年 6 月第 1 次印刷

书　　号　ISBN 978-7-5657-2265-3/G · 2265　定　价　88.00 元